LE

GÉNÉRAL DOMON

PÉRONNE — IMPRIMERIE TRÉPANT

19, GRANDE PLACE, 19

LE
GÉNÉRAL DOMON

SA VIE — SES CAMPAGNES

PAR

R. MOREL

CHEF D'INSTITUTION

OUVRAGE COURONNÉ PAR L'ACADÉMIE D'AMIENS

Optimum est habere monumenta majorum.
CICERON. *De officiis.*

PÉRONNE

TRÉPANT, LIBRAIRE-ÉDITEUR

19, GRANDE PLACE, 19

1879

INTRODUCTION

Quand on lit avec attention les pages que l'histoire consacre à la Révolution française et au premier Empire, on ne peut voir sans étonnement le grand nombre de capitaines illustres qui, sortis pour la plupart des rangs du peuple, comme Hoche, Marceau, Ney, Murat, ont inscrit leurs noms à côté de ceux des héros les plus célèbres de l'antiquité. C'est que cette époque est la seule où tout fut mis au concours de trente millions d'hommes. Jamais en aucun temps autre que celui-là, en aucun pays autre que le nôtre, toutes les forces vives d'une nation n'ont été sollicitées à la fois et appelées à donner tout ce qu'elles pouvaient produire. Aussi le résultat fut une sorte d'éblouissement.

Si les hauts faits du général vicomte Domon, dont nous allons raconter la vie, n'ont pas eu le même retentissement que ceux des héros dont je viens de citer les noms ; si la fortune des combats ne lui a pas accordé de prendre un aussi grand essor, et l'a retenu au rôle de satellite autour de ces astres resplendissants, il n'en est pas moins vrai que son intelligence, sa bravoure et son énergie l'ont élevé rapidement du rang de simple engagé volontaire à celui de général de division, et qu'il fut, pendant de longues années, le modèle et l'admiration de ses compagnons d'armes. C'est pourquoi il me semble que mettre sous les yeux de ses concitoyens le tableau de ses exploits, de ses services, ainsi que des titres et des faveurs qui en ont été la légitime récompense, c'est reconnaître, c'est consacrer ces services et ces exploits ; c'est payer à sa mémoire un juste tribut d'admiration. Et, comme nous vivons à une époque où il est plus que jamais nécessaire de relever le moral de la jeunesse, de faire germer dans son cœur, ou d'y développer, le sentiment du devoir et l'amour de la patrie, je crois qu'il peut être utile de lui proposer comme exemple la vie d'un homme qui, à dix-sept ans, abandonne le foyer paternel, l'espérance d'une position civile honorable et lucrative, pour

voler au secours de la patrie en danger; et
qui, le corps couvert de blessures acquises en
payant généreusement la dette qu'il devait à la
France, privé pour plusieurs années de l'usage
d'une jambe, résiste aux promesses qui lui sont
faites par le roi de Naples, dont il était l'ami,
sacrifie la fortune qu'il avait amassée par vingt-
cinq ans de travail, et revient mettre au service de
son pays un corps que les blessures ont pu atteindre,
mais sans diminuer l'énergie de son âme.

Malheureusement, la modestie du général Domon
a ravi à la postérité une foule de traits et d'actions
éclatantes qu'il a négligé de relever. Aussi, comme
j'avais à cœur de ne mettre sous les yeux de mes
lecteurs que des faits d'une exactitude irrépro-
chable, je ne me suis pas contenté de rassembler
quelques documents sans en contrôler les sources.
J'ai recherché où mon héros a passé ses premières
années, quels ont été ses goûts et ses habitudes.
Grâce à la bienveillance de son petit-fils, monsieur
le baron de S'-Amand, actuellement ministre
plénipotentiaire, j'ai eu entre les mains la correspondance du général Domon, ses notes, ses états
de services, les rapports des généraux où sa valeur
l'a fait mettre à l'ordre du jour, ses nominations
aux différents grades qu'il a obtenus ou aux

distinctions honorifiques qui lui ont été conférées :
c'est grâce à ces documents, à quelques épisodes
de vie intime racontés par le docteur Mouronval,
aux récits de nos historiens militaires, et princi-
palement de M. Thiers, que j'ai reconstitué à peu
près dans son ensemble la vie de ce brave capitaine ;
et, si mon travail n'a pas d'autre mérite, il aura
du moins celui de la franchise et de la vérité.

LE GÉNÉRAL DOMON

ET

SES CAMPAGNES

CHAPITRE I

Naissance et éducation de Domon. Il part comme enrôlé volontaire. — Ses premières armes. — Courtrai. — Orchies. — Lille. — Jemmapes. — Anderlecht. — Liége. — Aix-la-Chapelle. — Il est nommé lieutenant, puis capitaine.

Dans l'arrondissement de Péronne, et à dix kilomètres environ de cette ville, se trouve un petit village qui porte le nom de Leforest. Son étymologie est facile à trouver; car, il y a quelques années, les habitations de ce hameau étaient encore entourées de bois, au point qu'à l'époque des invasions de 1815 et de 1871, les soldats ennemis ne voulurent jamais y prendre de logements dans la crainte de quelque surprise.

Depuis son origine, ce hameau était resté comme oublié dans son isolement ; sa population, aux mœurs simples et patriarcales, se livrait aux occupations agricoles, abritée dans cette solitude contre la mollesse des villes. Aussi ce sol privilégié a-t-il produit des hommes énergiques dont plusieurs, depuis un siècle,

1

sont devenus des militaires distingués[1] et ont donné
de l'illustration à cette localité si peu connue jusqu'alors.

C'est dans ce village que Jean-Siméon Domon naquit,
d'une famille de cultivateurs aisés, le 2 mars 1774 : il
fut l'aîné de trois garçons. Dès que son âge le permit,
il fréquenta l'école du hameau , et, grâce à son intelligence précoce et à sa mémoire prodigieuse, il surpassa
bientôt tous ses condisciples. S'il était permis, dit un
de ses biographes, d'établir des prévisions sur l'avenir
d'un enfant d'après ses jeux et ses habitudes, on
pourrait dire que l'œil hardi, l'air franc et ouvert et
l'infatigable activité du jeune Domon annonçaient dès
lors sa destinée aventureuse, et décelaient le germe de
ce feu martial que l'âge développa par la suite.

Ardent et ne trouvant pas dans les leçons de son
maître de quoi alimenter son génie naissant, il se
livrait avec passion aux exercices du corps, sans que
cette pétulance nuisit à son instruction ; car il saisissait du premier coup d'œil ce que ses camarades

[1] Outre le général vicomte Domon, dont nous donnons ici la
biographie, le village de Leforest a encore vu naître :

1º Le colonel Émile Domon, officier de la Légion d'honneur,
mort à Perpignan le 11 mars 1872.

2º Le capitaine Alfred Domon, chevalier de la Légion d'honneur, mort du typhus en Afrique.

3º Le capitaine Lenté, chevalier de la Légion d'honneur, tué
à Solférino.

4º Le capitaine Albert Domon, chevalier de la Légion d'honneur, retiré à Leforest.

5º Le sous-lieutenant Dupré, enlevé par une maladie de
poitrine au début de sa carrière militaire.

n'apprenaient qu'avec peine. Constamment le premier de sa classe, il n'en concevait aucune vanité : déjà se faisaient remarquer en lui ces sentiments élevés et cette aimable modestie qui furent la base de son caractère. Aussi son père, homme intelligent et sensé qui, à l'exploitation de sa maison de culture, avait joint le commerce de grains, et à qui ses rapports avec les propriétaires des environs avaient fait sentir tous les avantages d'une instruction solide et d'une éducation soignée, voulut tirer parti des germes précieux qu'il remarquait dans son fils. Au mois d'octobre 1783, il le plaça au collège de Bapaume qui jouissait alors d'une réputation méritée. Dans cet établissement, le jeune Domon se livra, avec son énergie naturelle, à l'étude des langues anciennes et de tout ce qu'on enseignait alors. A quinze ans, il avait terminé ses classes après avoir obtenu de nombreux succès.

On était au mois d'août 1789.

On sait quelle était alors la situation politique et sociale de la France. Les Etats-Généraux, après s'être transformés en Assemblée constituante, venaient d'entreprendre l'œuvre gigantesque de détruire l'ancien ordre de choses, et d'établir sur ses ruines les bases de la société actuelle. La prise de la Bastille, suivie de l'adoption, par la garde nationale, de la cocarde tricolore qui devait faire le tour du monde, avait eu pour conséquence la proclamation de l'égalité de tous les citoyens devant la loi, et l'admissibilité de tous les Français aux grades qui jusqu'alors étaient le privilége de la noblesse.

D'un autre côté, les chefs des nations voisines ne pouvaient voir sans appréhension les idées d'indépendance qui s'insinuaient partout, et ils se coalisaient pour étouffer dans son berceau la Révolution française qui menaçait leurs trônes.

Quoique les moyens de publicité fussent bien restreints, le bruit de ces événements s'était répandu dans les provinces, et le jeune Domon dont l'imagination s'était enflammée tant de fois, pendant ses études, à la lecture ou au récit des traits de bravoure et des faits héroïques qui ont illustré les Grecs et les Romains, sentit naître en lui le désir irrésistible de voler à la défense de la patrie. Il demanda l'autorisation de partir comme enrôlé volontaire. Mais son père, qui redoutait pour son fils les dangers des combats, lui refusa cette autorisation, objectant qu'à quinze ans, il était trop jeune pour prendre une détermination aussi grave, et il l'engagea à commencer de préférence ses études théologiques pour entrer ensuite dans le sacerdoce.

La vie paisible et les habitudes contemplatives ne pouvaient guère convenir au caractère vif et décidé de Domon ; il fit valoir à son père qu'il ne se sentait pas la vocation nécessaire pour le service des autels, et il fut enfin convenu entre eux qu'il étudierait la médecine.

Il s'attacha donc, selon la coutume de cette époque qui manquait d'écoles spéciales, à un docteur distingué de Péronne, qu'il accompagnait dans ses visites et qui lui donnait les premières notions de son art, en attendant qu'il fût en âge de suivre les cours de la Faculté de Paris. Il passa deux années à ces études.

Cependant les événements politiques marchaient à grands pas. En même temps que l'Assemblée constituante poursuivait son œuvre de régénération, l'émeute ensanglantait les rues de Paris. Le roi ne se sentant plus assez fort pour arrêter la vague populaire, qui grossissait tous les jours et menaçait de l'engloutir, chercha, mais inutilement, son salut dans la fuite (21 juin 1791). Le parti qui aurait pu le protéger prenait le chemin de l'émigration, au lieu de se serrer autour de lui pour le défendre. En quelques mois, 1,900 officiers désertèrent le drapeau national, et portèrent leurs épées dans l'armée que le prince de Condé rassemblait de l'autre côté du Rhin. Poussés par les émigrés, l'empereur d'Autriche et le roi de Prusse venaient de signer à Pilnitz une déclaration où « reconnaissant que la situation du roi de France était un objet d'intérêt commun, ils exprimaient l'espoir que les différentes puissances se joindraient à eux pour leur venir en aide ; et, qu'en attendant, ils tiendraient, l'un et l'autre, leurs troupes prêtes à se mettre en activité » (27 août 1791).

Pour lutter contre ces deux puissances, la patrie avait besoin de défenseurs. De tous côtés des bataillons de volontaires surgirent, et s'organisèrent pour protéger nos frontières ; Domon, qu'un goût prononcé entraînait toujours vers la carrière des armes, ressentit l'enthousiasme de tous ces braves et ne put résister au désir de partager leurs périls et leur gloire. Mais il connaissait l'opinion de sa famille et savait bien qu'elle opposerait une résistance invincible à ses nobles inten-

tions ; il comprit qu'il ne pouvait annoncer sa résolution sans risquer de compromettre son amour filial.
Les principes qu'il professait lui faisaient une loi d'obéir
aux ordres de son père, et il n'aurait pas osé braver une
défense formelle ; mais l'amour de la gloire ayant
triomphé de tous ses raisonnements, il prit le parti de
s'engager à l'insu de ses parents, laissant à l'avenir le
soin d'apaiser leur courroux. Le 4 septembre 1791, il
se rendit donc à Amiens, et s'enrôla dans le 4ᵉ bataillon
des volontaires de la Somme ; le surlendemain, 6 septembre, après un examen auquel il satisfit, il fut nommé
sous-lieutenant dans le même bataillon.

Lorsque son engagement fut signé, Domon écrivit à
son père une lettre tendre et respectueuse dans
laquelle il lui expliquait l'irrésistible vocation qui
l'entraînait. Après quelques lignes brûlantes de patriotisme, empreintes de cet enthousiasme qui saisit les
grandes âmes, il faisait les excuses les plus soumises,
implorait son pardon, et priait son père de lui envoyer
l'argent nécessaire pour son équipement. Celui-ci,
irrité d'une conduite qu'il regardait comme l'élan d'une
jeunesse fougueuse et irréfléchie, répondit par un refus
formel à la demande de son fils. Domon écrivit une
seconde lettre dans laquelle il faisait de nouvelles
excuses, et s'appuyait surtout sur cette raison qu'il
était impossible de rompre, sans déshonneur, un
engagement volontaire. Le pardon fut accordé et les
fonds envoyés.

Heureux d'avoir concilié ce que lui imposait le devoir
filial avec le besoin de sa bouillante imagination, et

placé dans une sphère parfaitement en rapport avec ses goûts et ses dispositions, Domon s'adonna tout entier à son nouvel état. Son incroyable activité fit marcher de front la théorie et la pratique. Le maniement des armes, l'exacte observation de la discipline, l'étude de la tactique et des sciences qui s'y rapportent furent ses seules occupations, et il s'y livra avec tant d'ardeur et de succès que, trois mois après son incorporation, il fut jugé digne d'un commandement actif et envoyé en garnison à Lillers.

La joie que Domon éprouva, et qu'augmentait encore l'espoir d'un avenir qui se présentait à sa jeune imagination avec ses illusions les plus séduisantes, fut troublée par un fâcheux épisode qui vint éclipser pour un moment l'aurore de son bonheur, et qui aurait pu décourager tout autre que lui. Il était d'un caractère ouvert, libre, indépendant, rigoureux observateur de la justice, et incapable de déguiser ses moindres sentiments. Cette rigidité, qui ne pliait devant aucune considération et qui lui suscita dans le cours de sa vie plusieurs désagréments, fut la source de celui qu'il éprouva peu de temps après son arrivée dans sa garnison. En cherchant à mettre de l'ordre dans sa compagnie, il s'aperçut que son colonel avait manqué de délicatesse ; il osa le lui dire ; il s'en suivit une vive discussion dans laquelle Domon fit entendre à son supérieur de dures vérités. Le colonel en fut offensé et fit condamner notre jeune officier à trois mois de prison. Domon subit sa peine à Arras [1].

[1] D. Mouronval.

Pendant qu'il était ainsi la victime d'une punition injuste, la France se trouvait de plus en plus exposée à une invasion. Léopold, empereur d'Autriche, avait provoqué la réunion d'un congrès européen pour s'entendre sur les moyens de rétablir l'ordre en France, dont l'anarchie troublait la tranquillité générale. Cette négociation devait être appuyée par des armées formidables qui entoureraient nos frontières d'une ceinture de fer et les envahiraient au premier mot d'ordre. François 1er, qui succéda à Léopold, alla plus loin encore ; il exigea la reconstitution de la monarchie française telle que l'avait voulue la déclaration royale du 23 juin 1789 : c'est-à-dire, le rétablissement des trois ordres, la restitution des biens du clergé et du Comtat-Venaissin. C'était ordonner à la France de faire amende honorable, et de retourner, devant la menace d'une épée, à l'ancien régime et à ses abus. Il était impossible d'affecter plus longtemps l'indifférence pour les menaces de l'étranger et ses préparatifs hostiles ; l'indignation universelle retentit jusqu'au trône, et, le 20 avril, le roi répondit à cette insolente injonction par une déclaration de guerre.

Dumouriez, chargé de la direction des opérations militaires, commença immédiatement les hostilités. Partout où la France s'étendait jusqu'à ses limites naturelles, il voulut qu'on se bornât à la défensive ; mais, dans les Pays-Bas où notre territoire n'allait pas jusqu'au Rhin, il était d'avis qu'on attaquât sur-le-champ. Dans ce but, il avait échelonné, depuis Dunkerque jusqu'à Besançon, une masse de 240 bataillons et

160 escadrons avec une artillerie suffisante, et des approvisionnements pour six mois. Rochambeau fut placé à la tête de l'armée du Nord, campée en Flandre ; La Fayette commandait celle du centre, avec son quartier général à Metz, et Lückner, le corps qui occupait l'Alsace.

Pour exécuter le plan de Dumouriez, Rochambeau reçut l'ordre d'envahir la Belgique qui était alors soumise à l'Autriche. La Fayette eut mission de seconder l'armée du Nord en se portant, d'abord avec 10,000 hommes, de Givet sur Namur, puis sur Liége ou Bruxelles, pour être immédiatement suivi de toute son armée. L'entrée en campagne fut fixée du 20 avril au 2 mai 1792. Mais le début de cette guerre fut marqué par des désastres : à Quiévrain, deux régiments de dragons, qui s'avançaient vers Mons en tête d'une avant-garde de 10,000 hommes commandée par le général Biron, prirent la fuite avant toute attaque en criant : Nous sommes trahis ! Ce fut le signal d'une déroute complète. En même temps, le 28 avril, 3,000 hommes, sortis de Valenciennes, répétèrent le même cri à la vue de 900 Autrichiens venant de Tournay, et se rejetèrent en arrière vers Lille ; le général Dillon, qui commandait ce corps et voulait ramener les fuyards, fut tué par ses soldats dans une grange.

La Fayette, parvenu de Metz à Givet, s'arrêta à la nouvelle de ces fâcheux événements, et la marche en avant de l'armée française se trouva suspendue. Rochambeau, mécontent de l'indiscipline de ses troupes, donna sa démission et fut remplacé par le maréchal Lückner. C'est à cette époque que Domon sortit

de prison et commença la vie des camps. En rentrant
à son bataillon, il apprit avec joie qu'il était désigné
pour faire partie de l'armée du Nord. Il redoubla
d'ardeur et saisit avidement toutes les occasions de
déployer son courage et de façonner son corps aux
fatigues de la guerre. Sa conduite le fit remarquer du
maréchal Lückner qui lui accorda en maintes circonstances les éloges dus à son mérite, et lui fournit
plusieurs fois les occasions de se signaler.

Le 13 juin, dans un conseil de guerre tenu à Valenciennes, on convint de reprendre les hostilités, et de
continuer l'invasion interrompue de la Belgique. En
conséquence, Lückner se rendit au camp de la Made-
leine, près de Lille, dans le dessein d'envahir la
Flandre maritime. L'ordre de se porter en ava t fut
donné le 17 juin et, le 18, on s'empara de Courtrai.
Dans cette action, Domon, qui affrontait pour la première fois les hasards des combats, montra un courage
et un sang-froid qui lui valurent les honneurs de l'ordre
du jour. Il avait, il est vrai, un modèle sublime dans
le général Lückner qui, malgré ses soixante-dix ans,
marchait constamment à la tête de ses troupes. Cet
exemple frappa le sous-lieutenant Domon, et il le renou-
vela lorsqu'il se trouva lui-même chargé d'un commandement supérieur. Il aimait à répéter ces belles paroles
échappées de la bouche du maréchal, un jour que les
balles pleuvaient autour de lui, et que ses officiers
l'engageaient à se retirer du combat et à se conserver
pour son armée : « Laissez, mes amis, les balles
respectent les braves. »

Deux jours après ce premier succès, on apprit que les Prussiens s'avançaient vers Coblentz au nombre de 80,000 hommes, formés et dirigés par les vieux officiers de Frédéric. Lückner prit le parti de renoncer à l'offensive et de se retirer sur Lille et Valenciennes ; car ses forces étaient insuffisantes, et le gouvernement, en proie à des agitations intérieures, ne faisait rien pour augmenter son armée, et n'employait aucun de ces moyens puissants qui réveillent le zèle et l'enthousiasme d'une nation ; Domon et sa compagnie furent détachés à Orchies.

Il était dans cette ville quand le duc de Saxe-Teschen envoya une division autrichienne pour s'en emparer : Orchies n'avait pour toute défense que 600 hommes du bataillon de la Somme et 2 pièces de canon. Attaquée à l'improviste, cette poignée de braves se défendit avec intrépidité. Domon se battit toute la journée avec un courage opiniâtre et soutint les efforts de l'ennemi ; mais, le lendemain (14 juillet 1792), les Autrichiens revinrent plus nombreux et s'emparèrent de la ville. Domon et son bataillon se replièrent sur Lille.

Le mois suivant, à la nouvelle que les Prussiens marchaient sur l'Argonne et envahissaient nos frontières de l'Est, Dumouriez conduisit en Champagne la plus grande partie de l'armée du Nord pour arrêter l'ennemi. Le duc de Saxe voulut profiter de ce que la Flandre-Française était dégarnie de troupes pour tenter quelque entreprise éclatante. Il se porta donc sur Lille dont il essaya le siége avec 25,000 hommes et toute

l'artillerie dont il pouvait disposer (23 septembre 1792).
La résistance aurait été facile si cette place avait eu
sa garnison ordinaire ; mais il n'y avait dans son sein
que trois bataillons de fédérés, les débris de quelques
régiments de ligne dans lesquels se trouvait la compagnie du sous-lieutenant Domon, 600 cavaliers montés
et 132 artilleurs. Chaque jour cependant, on s'efforçait
d'entraver les travaux de l'ennemi. L'artillerie de la
place que servaient les canonniers bourgeois, concur-
remment avec les 132 artilleurs réguliers, secondait
puissamment les braves qui allaient harceler les
Autrichiens dans leur camp. Domon prenait part à
toutes les sorties ; il se surpassa à l'attaque du faubourg
de Fives (25 septembre). A la tête de sa compagnie et
de quelques gardes nationaux, il refoula les Autrichiens
jusque dans leurs retranchements. Au retour de cette
expédition, il se trouvait à l'arrière-garde et avait pour
mission de protéger les Lillois contre un retour offensif
de l'ennemi. Noirci par la poudre et en proie à une
soif dévorante, il s'approche d'une maison pour demander un verre d'eau. La porte était fermée ; mais il
aperçoit par la fenêtre 6 uhlans qui lui paraissent en
état d'ivresse. Il brise cette fenêtre et se trouve en
face d'un homme égorgé, de deux femmes couvertes
de coups de sabre et d'une jeune fille bâillonnée luttant
contre ces forcenés. Domon se précipite sur eux, et
profitant de ce que l'ivresse rend leurs coups mal
assurés, les met successivement hors de combat. Puis,
à l'aide de quelques retardataires, il forme un brancard
et fait emporter les deux femmes à demi-mortes et la

jeune fille que le saisissement a fait évanouir. Les deux femmes succombèrent à leurs blessures ; la jeune fille survécut et trouva un refuge chez quelques parents de Lille.

Quatre jours après, le 29 septembre, Albert de Saxe commença le bombardement de la place, et bientôt 24 pièces de siége et 12 mortiers lancèrent sur la ville des bombes, des obus et des boulets rouges qui répandaient partout le feu, le ravage et la mort. Ce bombardement dura six jours consécutifs et incendia plus de deux cents maisons. Les Lillois, luttant de zèle avec les fédérés et leurs officiers, résistèrent avec une noble obstination et ne consentirent jamais à se rendre. Enfin, le 8 octobre, pendant que les Prussiens abandonnaient l'Argonne, le duc Albert leva le siége de Lille à l'approche du général Beurnonville qui revenait de la Champagne avec l'armée du Nord. Ce général en chef félicita vivement Domon et les autres officiers de leur vigoureuse résistance qui avait empêché la ville de tomber au pouvoir des ennemis.

Ainsi nos frontières étaient délivrées de la grande invasion, et nos troupes purent reprendre le projet d'envahir la Belgique. Domon éprouva un sentiment de bonheur lorsqu'il reçut l'ordre de marcher sur le territoire étranger ; il se plaisait à rappeler cette heureuse époque, et peignait avec énergie à ses amis les sensations qu'il avait éprouvées en cette circonstance : venger son pays des ravages produits par les excursions de l'ennemi, porter au loin la renommée française, cueillir des lauriers sans que le sol de la patrie fût ensanglanté, telles étaient les idées qui fermentaient dans son cœur et lui donnaient cette confiance qui est le présage infaillible du succés.

Dumouriez fit enlever par son avant-garde tous les postes ennemis qui étaient sur son passage, et, le 5 novembre au soir, se trouva en présence des Autrichiens retranchés sur les hauteurs qui bordent la ville de Mons ; ces hauteurs disposées circulairement en avant de la place portent trois villages, Jemmapes, Cuesmes et Berthaimont ; les Autrichiens s'y étaient retranchés d'une manière inexpugnable. Il établit son armée en demi-cercle parallèlement à l'ennemi ; le général Ferrand commandait l'aile gauche, Beurnonville, l'aile droite, et Dumouriez, le centre avec le duc de Chartres — plus tard Louis-Philippe — pour divisionnaire. La canonnade fut engagée dès le matin du 6 novembre. Le général Ferrand, à gauche, et le général Beurnonville, à droite, marchérent en même temps, pendant que Dumouriez, au centre, attendait que les ailes de l'ennemi fussent ébranlées pour l'aborder de front. Vers onze heures, la gauche de notre armée parvint à tourner la droite de l'ennemi et à l'attaquer en flanc à la baïonnette. Cependant Beurnonville, à l'aile droite, faisait de vains efforts contre le village de Cuesmes, malgré le courage des officiers et des soldats. Le brave Domon, trois fois repoussé, était revenu trois fois à la charge, quand le général Dampierre, qui commandait un point d'attaque, entraine avec lui quelques compagnies qui s'offrent d'elles-mêmes, et s'élance audacieusement au milieu d'une redoute. Dumouriez arrive au moment où Dampierre exécutait cette courageuse tentative, prend le commandement des troupes que Dampierre venait de laisser sans général, et, entonnant avec elles la *Marseillaise*, renverse tout devant lui et enlève le village de Cuesmes. Après cet exploit, il repart au galop, suivi de quelques escadrons, pour voir ce qui se passait au centre. Mais le jeune duc de Montpensier arrivait à sa rencontre pour lui annoncer la victoire que son frère venait d'y remporter. Il était deux heures, la bataille était gagnée. Le sous-lieutenant Domon fut encore signalé à l'ordre du jour pour sa belle conduite pendant l'action.

Dumouriez entra, le 7, à Mons au milieu de la joie des habitants qui lui décernèrent une couronne ainsi qu'au brave Dampierre. Le 11, il en partit pour continuer la poursuite des Autrichiens. Le 13, s'avançant avec une simple avant-garde dont faisait partie le bataillon de la Somme, il donna au milieu des ennemis à Anderlecht et faillit être enveloppé ; mais avec son adresse et sa fermeté ordinaires, il déploya sa petite troupe, usa avec beaucoup d'appareil de son artillerie, et fit croire qu'il était sur le champ de bataille avec toute son armée. Il put ainsi se maintenir et attendre qu'il fût secouru par ses soldats qui accouraient en toute hâte pour le dégager. La lutte fut opiniâtre et Domon faillit deux fois y perdre la vie. Le 27, nos troupes arrivèrent devant Liége et eurent à soutenir un fort engagement contre l'arrière-garde ennemie qui se défendit glorieusement jusqu'à ce que son général eût été mortellement blessé. Dans ce combat Domon sauva la vie à son capitaine en risquant la sienne. Enfin, le 25 au matin, Dumouriez entra dans Liége aux acclamations du peuple ; Namur fut pris le 2 décembre et la citadelle d'Anvers le 29 du même mois.

La Belgique était conquise ; mais nos soldats manquaient de capotes, de couvertures et souvent de pain ; faute de souliers ils s'enveloppaient les pieds avec du foin. Ils durent s'arrêter à Liége sur les bords de la Meuse, sans pouvoir pousser jusqu'au Rhin, après un combat d'avant-garde, aux environs d'Aix-la-Chapelle, où le sous-lieutenant Domon se distingua encore en luttant seul derrière un mur contre 1 officier et 11 soldats qu'il obligea à déposer les armes. L'armée française, réduite à 40,000 hommes, ne pouvait songer à poursuivre plus loin un ennemi retranché dans les bois et appuyé sur Luxembourg, une des plus fortes places du monde. Ainsi se termina la campagne de 1792.

Au début de la campagne de 1793, la mort de Louis XVI avait excité toute l'Europe contre nous. La Convention, fatiguée des perfidies de Pitt, déclara la guerre à l'Angleterre, le 1er février, et, quelques jours après, à la Hollande. Dumouriez se disposa immédiatement à envahir ce dernier pays ; il avait pour cela réuni 25,000 hommes sur la Moselle, 30,000 sur l'Escaut et 70,000 sur la Meuse. Avec une partie de ces troupes il entre en Hollande, et, dix jours après, il prend Bréda ; de là il marche sur Mardick où il s'empare de tous les bateaux qu'il peut trouver, et réquisitionne tous les charpentiers pour se composer une flottille afin de

traverser le bras de mer sur lequel cette ville est
située. Mais, tandis qu'il faisait ces préparatifs,
260,000 combattants marchaient contre la France
depuis le Haut-Rhin jusqu'aux Pays-Bas.

A cette nouvelle, la Convention lui ordonna de
revenir de Hollande pour se mettre à la tête de la
grande armée de la Meuse. Il reçut cet ordre le 8 mars,
et partit le 9 avec la douleur de voir tous ses projets
renversés. Il rejoignit ses troupes à Louvain, où ses
lieutenants s'étaient repliés devant les coalisés commandés par Cobourg ; il crut nécessaire de livrer une
grande bataille pour redonner de l'éclat à nos armes,
rassurer la Convention et s'attacher les Belges. Le
18 mars, il attaqua donc les Autrichiens à Nerwinden ;
mais sa bravoure et celle de ses soldats ne purent
résister au nombre des ennemis, et il fut obligé
d'abandonner le champ de bataille et de faire revenir
les divisions qu'il avait laissées en Hollande ; il les
établit dans les places fortes de la Belgique pour
occuper ce pays par des garnisons, s'il était forcé de
l'évacuer avec son armée. Pendant cette campagne,
qui se termina si malheureusement, Domon se signala
par sa bravoure toutes les fois que l'occasion lui en fut
donnée, et il en reçut la récompense, le 12 mai, où il
fut nommé lieutenant, puis, le 4 juin de la même année,
où il obtint le grade de capitaine : il venait d'entrer
dans sa dix-neuvième année.

Mais la France, déchirée au dedans par les luttes
des partis, qui s'envoyaient réciproquement à l'écha-
faud, devait joindre à tant de malheurs celui des

défaites à l'extérieur ; bientôt nos soldats, écrasés par le nombre et manquant des choses les plus nécessaires, furent forcés d'évacuer la Belgique, et nos frontières furent envahies. Condé, Le Quesnoy, Valenciennes, après un terrible bombardement, se rendent à l'ennemi qui pousse des partis jusqu'à Péronne et St-Quentin.

Alors la Convention comprend que le nombre des agresseurs ne peut être repoussé que par le nombre des défenseurs, et décrète la réquisition (août 1793). Cette mesure énergique amène sous les drapeaux 1,200,000 hommes dont une partie est envoyée, sous les ordres de Jourdan, pour délivrer notre frontière du Nord. Afin d'avoir un point d'appui sur la Sambre les coalisés avaient investi Maubeuge. Pour secourir cette ville Jourdan réunit à Guise 45,000 hommes et s'avança sur cinq colonnes ; le 15 octobre, il attaqua les ennemis à Wattignies ; le 16, il les en chassa et les força de lever le siége qu'ils avaient entrepris. Notre frontière du Nord était encore une fois délivrée ; nos soldats prirent leurs quartiers d'hiver. Le capitaine Domon avait fait partie de l'armée de Jourdan.

CHAPITRE II

L'hiver de 1794 fut employé à faire les préparatifs
d'une nouvelle campagne. L'Angleterre poussait les
puissances du continent à venir détruire, sur les bords
de la Seine, une révolution qui l'effrayait et une rivale
qui lui était odieuse. Elle avait dans les Pays-Bas
40,000 hommes sous les ordres du duc d'York. Par un
traité conclu à La Haye, elle obtint que la Prusse
fournirait 65,000 hommes à la coalition. C'est au Nord
que l'on se proposait de nous porter les coups les plus
décisifs, en s'appuyant sur Condé, Valenciennes, Le
Quesnoy. Le plan consistait à prendre encore une
place, celle de Landrecies, à se grouper sur ce point,
et à marcher en avant sur Paris. Les Français avaient
toujours leurs principales forces vers Lille, Guise et
Maubeuge, et Pichegru était leur général en chef; tandis
qu'avec le centre et la droite de son armée il devait
débloquer Landrecies et arrêter la marche des ennemis,

il confia la direction de son aile gauche à Souham et à Moreau. Ces deux généraux, à la tête de 50,000 hommes, reçurent l'ordre de s'avancer en Flandre pour seconder le mouvement de Pichegru. Ils partirent donc de Lille, le 26 avril, et se portèrent sur Menin et Courtrai. On sait que ces deux villes sont situées à la suite l'une de l'autre sur la Lys. Moreau investit la première ; Souham, dans la division duquel servait le capitaine Domon, attaqua la seconde. Mais le 28 avril, le général autrichien Clerfayt se porta avec 18,000 hommes sur les derrières de l'armée française. Moreau et Souham, voyant leurs communications menacées, se réunirent pour lui livrer bataille ; il était retranché sur une position à laquelle on ne pouvait parvenir que par cinq défilés étroits défendus par une formidable artillerie. Le lendemain l'attaque fut ordonnée. Nos jeunes soldats, dont la plupart voyaient le feu pour la première fois, ne résistèrent pas d'abord ; cependant les généraux et les officiers bravèrent tous les dangers pour les rallier ; ils y réussirent et les positions furent enlevées. C'était notre premier succès au nord, et il releva singulièrement le moral de l'armée. Le capitaine Domon, qui avait eu quelques jours auparavant un cheval tué sous lui entre l'abbaye de Flines et le village de Contiches, montra tant de courage et d'intelligence dans ce combat que le général Compère, commandant l'avant-garde de l'armée du Nord et témoin de ses exploits, se l'attacha immédiatement comme aide-de-camp (12 floréal, an II).

On conçut alors dans l'état-major autrichien un plan

qui avait pour but d'envelopper l'armée française et de l'anéantir. Mais aussitôt que nos généraux remarquèrent l'intention de l'ennemi, ils prirent une résolution prompte et habile. Ce fut de diriger leurs forces pour s'emparer d'une position décisive entre Menin et Lille. En conséquence, le 18 mai, Souham marcha vivement sur Tourcoing et s'en empara après avoir culbuté tout ce qui se rencontrait devant lui. En même temps Bonnaud, qui commandait à Lille, s'avança aussi dans la même direction et battit les Anglais d'une manière si complète que le duc d'York ne dut son salut qu'à la vitesse de son cheval.

Après la défaite de Tourcoing, une partie de l'armée vaincue s'était retirée sur Néchin ; Domon, qui l'avait poursuivie à la tête de sa compagnie, la rejoignit, le 22, dans cette place où elle s'était réunie. Il l'aborda vigoureusement ; la défense fut aussi vive que l'attaque ; notre héros, impatient d'une telle résistance, s'élance aux retranchements, saisit une échelle qu'il applique lui-même à la muraille, y monte le premier et, malgré le feu des batteries, s'empare d'une pièce de canon. Il reçut en arrivant au haut du parapet un coup de sabre sur la main droite. C'est la première des nombreuses blessures qui sillonnaient son corps et attestaient son intrépidité.

Pichegru profita des succès remportés par son aile gauche pour faire le siége d'Ypres dont il s'empara le 17 juin après quatre jours de résistance ; ensuite il continua son mouvement et s'avança sur Bruxelles. Jourdan s'y rendait de son côté et, le 10 juillet, les deux armées du Nord et de Sambre-et-Meuse y firent leur jonction. Nous avions dès lors 150,000 hommes réunis dans la capitale des Pays-Bas, et nous pouvions fondre de là sur les armées de l'Europe qui, battues de toutes parts, cherchaient à regagner, les unes, la mer, les autres, le Rhin. On investit aussitôt les places de Condé, Landrecies, Valenciennes et Le Quesnoy qui se rendirent le 29 août et jours suivants. L'ennemi ne conservait plus aucun point de notre territoire et nous étions maîtres, au contraire, de toute la Belgique jusqu'à la Meuse et Anvers. Si l'administration ne suffisait pas à l'entretien de tant d'hommes, l'enthousiasme les soutenait et leur avait appris à se passer des choses les plus nécessaires. Les officiers, sans appointements, ou payés en assignats qui n'avaient pas cours dans le pays, vivaient comme le soldat, mangeaient le même pain et marchaient à pied comme lui le sac sur le dos.

Les armées se remirent en mouvement dans les premiers jours de septembre. Pichegru s'avança vers les bords de la Meuse, et se prépara à la franchir pour venir joindre ensuite le Wahal, bras principal du Rhin vers son embouchure. Avant de tenter ce passage, il investit Bois-le-Duc qui se rendit le 10 octobre après cinq attaques consécutives. Ce succès donnait une base solide et des munitions considérables pour pousser les opérations au-delà de la Meuse. Aussi lorsque nos soldats eurent traversé ce fleuve, l'ennemi épouvanté s'enfuit jusqu'au camp de Nimègue. Nous étions donc parvenus à cette formidable ligne du Rhin que la nature semble avoir assignée pour frontière à notre patrie.

C'est sur les bords de la Meuse que le capitaine Domon fut mis à l'ordre du jour, avec inscription sur ses états de services, pour avoir, avec 4 hussards, fait mettre bas les armes à 40 Hollandais du régiment de Nassau.

Conquérir la Hollande, s'assurer ainsi de la navigation de trois grands fleuves : l'Escaut, la Meuse et le Rhin, priver l'Angleterre de sa plus puissante alliance maritime, menacer l'Allemagne sur ses flancs, était un but digne d'exciter l'ambition de notre armée. Mais il était impossible de tenter cette attaque dans la saison des pluies et dans un pays dont le sol inférieur au lit des eaux est coupé de grands fleuves ou de canaux artificiels ; car si nous entrions dans cette contrée , les habitants pouvaient, par un acte d'héroïsme dont ils donnèrent l'exemple sous Louis XIV, percer leurs digues et engloutir l'armée assez téméraire pour y pénétrer. Au commencement de décembre , nos soldats revinrent donc prendre leurs quartiers d'hiver aux environs de Bréda : leur dénuement était tel que les tentes manquaient et qu'ils bivouaquaient sous des branches d'arbres.

Cependant la saison devint bientôt si rigoureuse que les fleuves gelèrent. Le 29 décembre, par 17 degrés de froid, Pichegru traversa de nouveau la Meuse sur la glace avec des soldats presque nus, sans pain, n'ayant pour chaussures que des souliers où il ne restait que l'empeigne ; il battit complétement l'armée hollandaise, passa le Wahal, et prit Utrecht, La Haye et Rotterdam. Pendant un hiver comme on n'en avait pas eu d'exemple depuis un siècle, nos soldats avaient attendu le froid avec autant d'impatience que d'autres désirent la belle saison. Amsterdam vit avec admiration 10 bataillons de ces braves sans souliers, sans bas, privés même des vêtements les plus indispensables, et forcés de couvrir leur nudité avec des tresses de paille, entrer triomphants dans ses murs, placer leurs armes en faisceaux et bivouaquer pendant plusieurs heures sur la place publique, au milieu de la neige, attendant avec résignation qu'on pourvût à leurs besoins et à leur casernement. La flotte du Texel, immobile dans les glaces, fut cernée par quelques escadrons. C'était la première fois qu'on eût imaginé de prendre une flotte avec des hussards. Le stathouder s'enfuit en Angleterre, et la république batave contracta avec la république française une alliance par laquelle la France s'annexait la Flandre maritime où nos troupes s'établirent. Domon, qui avait pris part à tous les succès et à toutes les fatigues de la campagne de Hollande, resta en garnison dans la Flandre jusqu'en 1797.

Au commencement de cette année, Hoche avait réuni l'armée du Rhin à celle de Sambre-et-Meuse et fait venir à lui une grande partie des garnisons de l'Océan et de la Belgique. De ce nombre était la compagnie de Domon. Il avait ainsi rassemblé 80,000 hommes et après avoir employé l'hiver à organiser ses troupes et à les pourvoir de tout ce qui leur était nécessaire, il donna l'ordre de passer le Rhin ; il déboucha par Neuwied dont il s'empara. A la prise de cette ville, le capitaine Domon fut blessé à la jambe

gauche par un éclat d'obus et eut un cheval tué sous
lui en attaquant une redoute fraisée et palissadée.
Hoche s'avança ensuite rapidement vers Francfort, où
il espérait remporter de nouveaux succès, lorsque les
préliminaires de Léoben vinrent arrêter sa marche
victorieuse. Ces préliminaires furent suivis du traité
de Campo-Formio par lequel l'Autriche faisait la paix
avec la France (17 octobre 1797).

Le Directoire employa les quelques mois de répit
que lui donnait cette paix à la propagation des idées
démocratiques. Mais l'Angleterre profita de la crainte
qu'excitait chez nos voisins la contagion révolution-
naire pour remplir toutes les cours de ses émissaires :
elle pressait le nouveau roi de Prusse de sortir de sa
neutralité pour préserver l'Allemagne du torrent ; elle
faisait travailler l'esprit faux et violent de l'empereur
de Russie ; elle cherchait à alarmer l'Autriche sur
l'occupation de la chaîne des Alpes par les Français et
lui offrait des subsides pour recommencer la guerre ;
elle excitait les passions folles de la reine de Naples
et d'Acton. Pour résister à tant d'attaques qui nous
menaçaient, on décréta la conscription par laquelle on
appelait sous les drapeaux tous les hommes de 20 à
25 ans.

On avait à garder la Hollande, la ligne du Rhin, la
Suisse et l'Italie. La Hollande était couverte par la
neutralité de la Prusse ; la ligne du Rhin par les deux
places de Mayence et de Strasbourg ; c'était donc vers
la Suisse qu'on devait rencontrer les Autrichiens. Il
fallait une armée active qui sortant de l'Alsace s'avance-

rait dans les plaines de la Bavière ; puis un corps d'observation pour couvrir la Suisse et un autre pour protéger la Haute-Italie contre l'Autriche, et la Basse-Italie contre les Napolitains unis aux Anglais. Le capitaine Domon fut incorporé dans l'armée qui devait partir de Strasbourg, traverser la Forêt-Noire et envahir la Bavière. Elle se composait de 40,000 hommes et était commandée par le général Jourdan.

Elle franchit le Rhin, le 1er mars 1799, et s'élança vers les sources du Danube. Arrivé à la hauteur de Fribourg en Brisgau, dans un combat d'avant-garde, le capitaine Domon sauva la vie à son général, le brave Compère, en le reprenant tout meurtri des mains des Autrichiens, avec une poignée de braves qu'il avait ralliés. Quelques jours après (2 germinal, 22 mars), il fut lui-même blessé à la jambe par un éclat d'obus ; mais cette blessure n'était pas grave, et, comme le général Compère avait eu la jambe fracassée et se trouvait dans l'impossibilité de reprendre du service, Domon passa comme aide-de-camp du général Vandamm dans l'armée que Masséna commandait en Suisse. Sa belle conduite pendant cette campagne, qui se termina par la mémorable victoire de Zurich, lui fit obtenir le grade de chef de bataillon (le 1er prairial an 7, 20 mai 1799) et, douze jours après, il fut incorporé avec le grade de chef d'escadron au 5e régiment de hussards.

L'empereur de Russie, dont les troupes avaient été battues à Zurich, s'était retiré de la coalition, et la République française n'avait plus d'autres ennemis que

l'Autriche et l'Angleterre. Cependant la première de
ces puissances avait encore en Souabe 150,000 hommes
commandés par de Kray et 120,000 hommes en Italie ;
la France ne pouvait lui opposer que 130,000 hommes
sur le Rhin et 40,000 en Italie. Le commandant Domon
servait dans la première de ces deux armées qui avait
Moreau pour général en chef et s'appelait l'armée du
Rhin : elle passa ce fleuve le 26 avril 1800 ; le 3 mai
elle s'avança vers Ulm pour obliger les Autrichiens à
abandonner cette belle position, traversa le Danube et
défit les ennemis à Hochstedt, où, après une lutte de
dix-huit heures, elle leur prit 20 pièces de canon,
1,200 chevaux, 300 voitures, 5,000 prisonniers et des
magasins considérables ; elle remporta encore une
victoire brillante à Hohenlinden, le 3 décembre 1800.
Cette bataille, qui coûta aux ennemis 20,000 hommes
tués, blessés ou prisonniers, 300 voitures et 87 pièces de
canon, ouvrait à nos soldats les portes de Vienne :
toutefois Moreau se contenta de conclure une nouvelle
suspension d'armes qui amena le traité de Lunéville. Ce
traité, signé le 12 février 1801, renouvelait à la France
la cession de la Belgique et lui conférait toutes les
souverainetés de la rive gauche du Rhin. Le 25 mars
1802, la paix d'Amiens parut assurer pour quelque
temps la tranquillité de l'Europe. Le chef d'escadron
Domon vint tenir garnison à Metz.

Là aussi demeurait avec son frère, colonel d'un
régiment, mademoiselle Betzi Evers, jeune personne
d'une physionomie expressive et d'un esprit enchanteur.
Domon conçut pour elle une passion que tout justifiait,

et bientôt ces deux âmes, si bien faites l'une pour l'autre, consacrèrent par une union indissoluble le sentiment le plus vif et le plus vrai. La naissance d'une fille vint resserrer encore les nœuds de nos époux ; mais, tandis que cette enfant abordait la vie avec vigueur, sa mère fut atteinte d'une maladie dangereuse. Domon, vivement affecté de l'état de sa jeune épouse, n'épargna aucun soin pour calmer ses douleurs et lui rendre la santé ; ce fut en vain. Remarquant que sa situation empirait de jour en jour et inspirait de sérieuses inquiétudes, il prit le parti de la conduire à Leforest, chez un frère qui avait été le compagnon de son enfance et de ses premières armes, et demeura quelque temps près d'elle.

Mais Pitt, qui ne voulait pas exécuter les conditions de la paix d'Amiens, avait formé contre la France une nouvelle coalition. Pour recommencer la lutte, Napoléon rassembla à Boulogne des forces considérables qui devaient opérer une descente en Angleterre : la guerre allait recommencer, et Domon reçut l'ordre de partir. On peut s'imaginer tout ce qu'il en coûta à son cœur tendre et aimant pour s'arracher des bras d'une épouse mourante, qu'il n'espérait plus revoir ; mais l'honneur avait parlé, il partit sans hésiter. Telle est la condition de l'homme sur la terre : le bonheur qu'il croit le plus assuré n'est souvent qu'une hallucination perfide, et c'est presque toujours au moment où il espère l'atteindre qu'il ne saisit qu'une vaine et fugitive image. Domon en fit ici la cruelle expérience. En épousant sa jeune Betzi, il devait s'attendre, d'après les lois de la nature, à parcourir avec elle une longue carrière de bonheur, même à la précéder au tombeau ; et tandis qu'il embellissait l'avenir de riantes prévisions, la mort affreuse promenait sa faulx meurtrière sur cette tête chérie, et allait détruire impitoyablement sa jeunesse, ses grâces et sa beauté. En effet, la maladie de madame Domon faisait des progrès rapides, et cette jeune femme, naguère brillante de santé et de fraîcheur, maintenant d'une faiblesse et d'une maigreur extrêmes, s'acheminait vers le tombeau avec ce calme et cette sérénité qui sont le partage d'une belle âme ; elle termina sa carrière le 27 avril 1805, âgée de 21 ans.

Domon fut cruellement affecté de cette perte ; pour rendre les derniers devoirs à celle qu'il avait tant aimée, il fit creuser dans le cimetière de Maurepas, dont Leforest est une annexe, un caveau où furent déposés ses restes inanimés. Cependant cette funeste atteinte, en ulcérant le cœur du guerrier, n'abattit pas son courage ; son âme forte se plaça au-dessus de l'adversité et brava le malheur ; il avait d'ailleurs une bien grande consolation dans l'enfant en qui sa femme semblait revivre. Bon époux, Domon fut le plus tendre, le plus sensible des pères ; au milieu des travaux et des fatigues de la guerre, il ne perdit jamais de vue sa fille devenue l'objet de toute son affection. Il l'entoura de soins pour ainsi dire maternels, et n'eut qu'à s'en féliciter, car elle combla toutes ses espérances et aurait pu servir de modèle par ses vertus, ses talents, sa modestie et sa sensibilité.

Domon avait été rappelé sous les drapeaux, comme nous l'avons dit, pour se rendre au camp de Boulogne et faire partie de l'armée que l'on destinait à envahir l'Angleterre. Il y reçut une nouvelle récompense de ses services antérieurs : ce fut la croix de la Légion d'honneur que l'Empereur attacha sur sa poitrine, le 15 août 1804. Le brevet de cette décoration porte la date du 14 juin précédent. Lorsque la descente en Angleterre fut devenue impossible, le chef d'escadron Domon qui était passé du 5ᵉ au 3ᵉ hussards avec son grade, partit avec les troupes que Napoléon fit transporter avec tant de célérité en Allemagne, sous le nom de Grande-Armée, quand il apprit que 90,000 hommes, sous les ordres du général Mack, venaient d'envahir la Bavière (7 septembre). Domon servait dans le corps du maréchal Ney qui traversa le Rhin, le 26 septembre, sur un pont jeté vis-à-vis de Durlach, et s'avança vers Stuttgard. Il prit ensuite part au mouvement circulaire de conversion que Napoléon avait commandé pour que ses troupes vinssent faire face au Danube après avoir traversé une grande partie de la Souabe et de la Franconie. Par ce mouvement nos soldats se trouvaient sur les derrières de l'ennemi à Ulm, et celui-ci, tourné et pris à revers, ne pouvait plus sortir de cette position fâcheuse. Napoléon vint, le 13 octobre, au quartier-général du maréchal Ney et ordonna de resserrer encore plus l'armée autrichienne en s'emparant du pont et de la position d'Elchingen que défendaient 15,000 hommes et 40 pièces de canon. Le 14, à la pointe du jour, Ney exécute cet ordre ; le pont est enlevé malgré la vive résistance des ennemis et traversé au pas de course par nos troupes ; le général Mack voit ses soldats culbutés et poursuivis jusqu'aux pieds de ses retranchements. Le chef d'escadron Domon, du 3e hussards, se distingua particulièrement dans ce combat. A la tête de 300 hommes, il chargea deux bataillons autrichiens qui avaient avec eux 5 pièces de canon. Frappé d'une balle qui lui traversa le cou, le brave Domon tomba de cheval dans la mêlée ; sa chute fut le signal de la victoire : ses hussards renouvelèrent la charge avec tant de vigueur et de précision que les deux bataillons mirent bas les armes et furent pris ainsi que les 5 pièces d'artillerie. Domon fut relevé et ramené en triomphe par ses soldats. Cette grave blessure l'empêcha de prendre sa part des lauriers recueillis par l'armée française dans le reste de cette campagne qui se termina par la campagne d'Austerlitz, 2 décembre 1805, suivie peu après de la paix de Presbourg.

Cette paix, conquise au prix de tant de sang, ne fut pas de longue durée ; au mois d'août de l'année suivante, la Prusse qui, pendant les campagnes précédentes, avait gardé la neutralité, tout en penchant d'une manière ostensible vers la coalition, jeta enfin le masque et déclara la guerre à la France. Domon, à peine remis de la grave blessure reçue à Elchingen, voulut y prendre part. Napoléon divisa ses troupes en cinq corps commandés par les maréchaux Lannes, Ney, Soult, Augereau et Lefebvre, passa le Rhin, le 1er octobre 1806, et joignit l'armée prussienne à Iéna le

13 du même mois. Le lendemain à six heures du matin, il donna le signal de l'attaque. A dix heures, tandis qu'à droite Soult gravissait les hauteurs qui dominaient le champ de bataille, tandis qu'au centre Lannes se déployait sur les plateaux conquis le matin, et qu'à gauche Augereau avait gagné le village d'Iserstedt, le maréchal Ney, dans son ardeur de combattre, avait pris place entre Lannes et Augereau. Il arrivait au moment même où le prince de Hohenlohe accourait à la tête de la cavalerie prussienne. Ney lance contre lui le 10e chasseurs. Ce régiment tombe sur l'artillerie du prince Hohenlohe, sabre les canonniers et enlève leurs pièces. Mais une masse de cuirassiers prussiens fond sur lui et il est obligé de se retirer précipitamment. Ney lance alors le 3e hussards, où commandait le chef d'escadron Domon. Ce régiment manœuvre comme avait fait le 10e chasseurs, profite d'un bouquet de bois pour se former, s'élève sur les flancs des cuirassiers, puis se rabat soudainement sur eux, les met en désordre et les force à reculer. L'action devient générale. Enfin, grâce aux efforts inouïs des soldats et à l'habileté de leurs chefs, nos troupes restent maîtresses du champ de bataille. L'Empereur fit poursuivre avec ardeur les débris des colonnes ennemies qui éprouvèrent de nouveaux désastres dans leur fuite désordonnée. Ney, témoin de la valeur que Domon avait déployé en commandant le 3e hussards, lui fit obtenir le grade de major au 7e régiment de la même arme ; il reçut sa nomination le 22 novembre suivant.

Après la bataille d'Iéna, le major Domon suivit la
division du maréchal Ney qui vint bombarder Magde-
bourg. La prise de cette ville et celle de Lubeck
terminèrent la campagne de Prusse proprement dite
par la possession totale des états héréditaires de la
maison de Brandebourg : toutefois la conquête de la
monarchie n'était pas complète ; il restait à envahir la
Pologne prussienne. Cette dernière province va devenir
le théâtre de la guerre. Le roi de Prusse a réuni
au-delà de la Vistule les débris de ses troupes ; c'est
aussi là qu'il attend son allié, l'empereur de Russie.
Malgré la rigueur de la saison, l'armée française le
poursuit dans ces contrées si redoutables pour les
peuples habitués au climat modéré du centre de
l'Europe, les atteint à Eylau et à Friedland où les
aigles françaises planèrent victorieuses, et où le major
Domon, toujours au milieu du danger, saisit les occasions de se mesurer avec l'ennemi en fondant sur lui
avec impétuosité et en culbutant tout ce qu'il rencontrait sur son passage. La bravoure qu'il déploya à la
bataille de Friedland, le 14 juin 1807, le fit porter pour
la croix d'officier de la Légion d'honneur qu'il reçut le
3 juillet suivant. Cette victoire décida la Prusse et la
Russie à conclure avec la France la paix de Tilsitt.
Mais l'Autriche n'en avait pas accepté les conditions ;
elle souffrait depuis quatre ans des échecs éprouvés
par ses armes et regrettait encore les provinces que
ses défaites lui avaient fait perdre. Elle voulut profiter
de la guerre d'Espagne où Napoléon était occupé, pour
rentrer dans ses anciennes limites, et, dans ce dessein,

elle se prépara à continuer la guerre au commencement de 1809.

Dès l'entrée en campagne, le 7 avril, le major Domon fut nommé colonel à la suite. C'est avec ce grade qu'il prit part à la bataille de Wagram, le 6 juillet 1809, dans le corps d'armée commandé par le maréchal Marmont. Domon déploya pendant la lutte une habileté et une présence d'esprit qui sauvèrent son régiment et contribuèrent au succès de la journée. Voici dans quelle circonstance : il avait été envoyé pour débusquer un régiment de uhlans placé sur une éminence, au bas de laquelle était une petite plaine parsemée de gros buissons. Cette plaine paraissait nue ; il fallait la traverser pour arriver à l'ennemi qui, de ce poste, semblait braver les Français. Avant de donner des ordres, Domon examina attentivement le chemin qu'il devait prendre pour ne pas fatiguer ses chevaux, et pour éviter l'effet d'une batterie qui protégeait les Autrichiens. En observant à l'aide de sa longue vue, il aperçut une vapeur assez forte qui s'élevait de chacun des buissons de la plaine ; il en conclut qu'une embuscade y était préparée. Immédiatement il prévint de sa découverte le général commandant sa division, puis il tourna la plaine et atteignit les uhlans, tandis que deux régiments de réserve s'étant avancés d'après son avis, surprirent et mirent en déroute les ennemis qui effectivement étaient embusqués en cet endroit. Les uhlans furent mis en pièces, et la batterie autrichienne enlevée par Domon et ses braves soldats. Après ce fait d'armes, il passa comme colonel au 8ᵉ régiment de hussards (10 août 1809).

Les Autrichiens vaincus à Wagram se retirèrent sur Znaïm. Marmont les y suivit avec sa division ; le 10 avril il trouva en face de lui toute l'armée ennemie : il s'établit en avant de Znaïm, s'y vit bientôt attaqué et eut l'honneur d'y soutenir un combat très-vif, pendant lequel le bourg de Tesswitz, pris et repris plusieurs fois, finit par nous rester. Dans ce combat, Marmont emporté par le désir de la victoire, avait laissé à découvert deux régiments d'infanterie ; Domon courut avec ses hussards soutenir cette brigade menacée par une charge de cavalerie autrichienne, et fit rétrograder l'ennemi. Dans la nuit suivante, un armistice fut conclu entre la France et l'Autriche et suivi du traité de Vienne (14 octobre 1809). Le fait d'armes de Znaïm eut immédiatement sa récompense ; par décret du 15 août, daté de Schœnbrunn, Domon avait été fait baron de l'empire ; il reçut une dotation de quatre mille francs de rente, sur des biens situés en Hanovre par un autre décret daté de la même ville, le 18 octobre suivant, et, peu de temps après, une seconde dotation de deux mille francs sur des biens situés dans la même province.

Les années 1810 et 1811 offrent peu de faits intéressants dans la vie de notre héros ; elles se passèrent en marches et contre-marches en Allemagne, où il resta presque constamment : il profita de l'intervalle de paix pour faire des remontes de chevaux ; il en réforma un grand nombre de son régiment, qui déjà était l'un des plus beaux de l'armée, et les remplaça par des chevaux magnifiques du Mecklembourg.

Le désir de revoir le lieu de sa naissance, son vieux père, d'embrasser sa fille chérie, souriait à son imagination ; chaque jour il espérait réaliser ce projet, et toujours, au moment où tous les obstacles aplanis lui permettaient de se mettre en route, quelques circonstances imprévues s'y opposaient. Son frère ayant appris qu'il avait enfin obtenu un congé pour Leforest, le pressa vivement d'en faire usage, lui peignit avec feu la joie que cette nouvelle avait donnée à leur père, à sa fille.

Domon lui répondit :

« J'ai effectivement obtenu un congé du ministre de la guerre, mais il m'est inutile en ce moment, je ne puis m'absenter ; on craint quelque catastrophe. J'ai promis au duc de Reggio de ne pas m'éloigner de plus d'une journée de mon régiment, sans cela je galoperais vers Leforest, où m'appellent ma fille, mon père, toi et des souvenirs plus chers que tous les intérêts du monde ; mais, dût mon cœur se briser, je garderai religieusement la foi donnée. Si pendant mon absence, je perdais l'occasion de servir ma patrie, si un de mes braves était victime, je ne pourrais m'en consoler.

» Il m'en coûte, plus que je puis l'exprimer, d'être privé du plaisir de voir mon enfant ; mais puisque l'honneur m'impose de si cruels sacrifices, faites en sorte que j'aie le plus tôt possible le seul dédommagement qu'il me soit permis d'en attendre, le portrait de cette enfant adorée. Je vous en envoie un de mes hussards, vous jugerez de ce que je dois attendre de tels hommes. Je joins aussi le modèle des armes que l'Empereur m'a accordées ; vous y verrez, outre l'épée de baron et deux molettes, une colombe que j'ai demandée, c'est le symbole de ma fidélité à mon pays, à mes parents, à mes amis. »

CHAPITRE III

La paix avec presque toutes les puissances de l'Europe ayant un instant rendu le repos à la France, Napoléon crut la consolider en s'alliant à Marie-Louise, fille de l'empereur d'Autriche, et en répudiant Joséphine à laquelle il était redevable d'une partie de sa haute fortune. Quoique cette paix fût nécessaire à tous les États et l'objet de tous les vœux, une déplorable fatalité occasionna une rupture entre Napoléon et l'empereur de Russie que rien n'aurait jamais dû désunir. Lorsque Domon eut appris qu'après plusieurs négociations infructueuses la guerre contre la Russie était déclarée, il écrivit à son frère la lettre suivante :

« Stendal, le 17 février 1812.

» Puis-je te dire quelque chose de mieux, mon cher ami, que de t'apprendre que je fais partie de la plus belle armée du monde ?

» J'avais hier à la revue de mon régiment 1,100 hommes
et 1,039 chevaux, qui offraient un coup d'œil magnifique...

» Nous nous attendons à de grands coups, mon cher ;
nos armes seront victorieuses, n'en doute pas ; nous
aurons une bonne paix, et je te porterai alors ma part
de lauriers. »

Après avoir résolu d'attaquer les Russes avec cette
impétuosité qui le conduisit à la victoire sur tant de
champs de bataille, Napoléon voulut franchir le Niémen
à Kowno ; il réunit en conséquence, sur ce point, la
plus grande partie de ses troupes, et en forma cinq
corps distincts, dont la ligne d'opérations s'étendait
depuis le Bug jusqu'à la mer. Domon servait dans celui
de ces corps qui formait l'avant-garde, sous les ordres
du roi de Naples. Le 13 juin, trois ponts furent jetés
sur le Niémen, et l'empereur commença à faire exécuter le passage de ce fleuve. Pendant toute la journée
du 24 et celle du 25, l'armée française défila sur ces
trois points. Le 25, l'avant-garde avec la réserve de
cavalerie, s'étendit jusqu'à Jymory où Domon arriva
un des premiers. Le 28, au point du jour, Murat se
remit en marche avec sa cavalerie légère. Les Russes,
après avoir échangé quelques coups de canon, battirent
en retraite, brûlant leurs magasins de vivres, de fourrages et d'habillements, et détruisant leurs armes, ou
les jetant dans la Wilia. Dans ces différents mouvements, Domon eut rarement l'occasion de se mesurer
avec les ennemis qui, se repliant à mesure que notre

armée avançait, n'offraient partout qu'une faible résistance et paraissaient même éviter avec soin d'en venir aux mains. Cependant, le 3 juillet, il atteignit l'arrière-garde de Korf, la poussa vivement, l'attaqua près de Swentziami et la mit en déroute.

L'Empereur, voyant que les Russes ne tenaient nulle part, résolut de marcher sur Witepsk, de s'emparer de cette ville avant que les ennemis y fussent arrivés, de se diriger ensuite sur Smolensk et de là sur Moscou ; mais n'ayant pu malgré toute la diligence qu'il déploya les prévenir dans Witepsk, il résolut de les y forcer. Ceux-ci ne firent que traverser la ville et s'établirent en avant pour défendre les longs défilés qui la couvrent.

Ce fut dans cette occasion que Domon fit éclater toute sa valeur par un fait d'armes qui mérite d'être rapporté avec quelques détails.

Le 25 juillet on partit de très-bonne heure. Le général Bruyères ouvrait la marche avec sept régiments de cavalerie légère, un régiment d'infanterie et un régiment de cuirassiers. De son côté, le général russe voulant retarder les progrès des Français en leur disputant le terrain pied à pied, avait placé en avant d'Ostrowno le corps d'Ostermann avec une brigade de dragons, les hussards de la garde, les hussards de Soumy, et une batterie d'artillerie à cheval. Trois de ces régiments couronnaient une éminence et étaient postés de manière qu'on n'en apercevait qu'une faible partie, les 8 pièces de canon n'étaient soutenues par aucun tirailleur.

De notre côté, trois régiments formaient l'avant-garde : le 16ᵉ régiment de chasseurs et le 9ᵉ lanciers marchaient à travers champs, le premier à droite, le second à gauche d'une route spacieuse bordée d'une double rangée de bouleaux ; le 8ᵉ hussards, commandé par le colonel Domon, s'avançait en colonne sur la route et se croyait précédé par les lanciers et les chasseurs que les arbres empêchaient d'apercevoir. Cependant ceux-ci s'étaient arrêtés. Le colonel Domon, parvenu au sommet d'une petite montée, aperçut à une certaine distance les cavaliers russes. Il crut d'abord que les lignes qu'il avait devant lui étaient les deux régiments de sa division et il marchait sans défiance lorsque, en se rapprochant, il conçut quelques soupçons et détacha un officier pour les reconnaître. Il n'eut plus de doute lorsqu'il vit son officier sabré et le canon ennemi abattre ses hussards. Alors sans aucune hésitation, sans même se donner la peine de former ses troupes, il se précipite avec la rapidité de l'éclair sur le régiment du centre et le culbute. Ce succès à peine obtenu, il revient prendre à dos le régiment de droite qu'il disperse encore. Restait le régiment de gauche qui, stupéfait et déconcerté d'autant d'audace et d'intrépidité, s'ébranlait et paraissait vouloir se retirer. Mais Domon reforme à la hâte ses escadrons et, secondé par le 9ᵉ lanciers qui accourait au canon, il lui fait éprouver le même sort qu'aux deux autres. Après avoir balayé tout ce qu'il avait devant lui de troupes à cheval, Domon se jette sur les pièces, sabre les canonniers et s'empare de six d'entre elles pendant que les lanciers

prennent les deux autres. Murat arriva au moment de
ce brillant fait d'armes, suivi des autres régiments de la
division Bruyères, continua l'opération commencée et
occupa cette position importante, malgré les efforts
qu'Ostermann fit toute la journée pour en déloger nos
troupes.

Après ce combat, le général de division, comte
Bruyères, demanda au colonel Domon comment il
désirait être mentionné dans son rapport. « Mon
général, lui répondit-il, dites que mon régiment a fait
son devoir, on devinera ma conduite. » Mais Murat,
témoin presque oculaire de la bravoure de Domon,
sollicita pour lui le grade de général qui lui fut accordé
par l'Empereur quinze jours après. Son régiment reçut
huit décorations de la Légion d'honneur. L'Empereur
donna encore un autre témoignage de confiance au
brave Domon en le chargeant personnellement de lui
présenter un officier pour le remplacer dans le commandement du 8e hussards. Le nouveau général désigna
le chef d'escadron de Coëtlosquet, et celui-ci fut
immédiatement promu colonel.

Si ce récit diffère un peu de celui de M. Thiers, c'est
que probablement les circonstances du combat d'Ostrowno, en ce qui concerne la charge de cavalerie de
la brigade Piré, lui auront été racontées par ce général
lui-même ; ce que celui-ci n'eût certes pas osé faire
dans les mêmes termes du vivant des généraux Bruyères
et Domon, si faciles que fussent ses entraînements de
causerie. Mais ces deux derniers étaient morts depuis
longtemps quand l'illustre historien entreprit son œuvre.

Lorsque Murat eut gravi la légère éminence au pied
de laquelle venait d'avoir lieu cette première rencontre,
il aperçut, dans la plaine au-delà, le corps d'Ostermann
tout entier appuyé d'un côté à la Dwina, et de l'autre
à des coteaux boisés. Quoiqu'il n'eût que de la cavalerie,
il fit aussitôt ses dispositions pour tenir tête à cette
infanterie nombreuse flanquée de plusieurs milliers de
chevaux, et il y réussit grâce à la vigueur, à la promptitude et l'à-propos de ses manœuvres.

Le 26, Murat et Ney ayant concerté leurs mouvements, s'avancèrent fortement serrés l'un contre l'autre.
La cavalerie légère ouvrait la marche dans le même
ordre que la veille. On traversa ainsi Ostrowno dès le
matin et, à deux lieues, on trouva l'ennemi rangé
derrière un gros ravin avec de fortes masses d'infanterie
et de cavalerie. Nous avions à droite des coteaux
couverts de bois, au centre la grand'route bordée de
bouleaux, traversée de ravins sur lesquels étaient jetés
de petits ponts, et à gauche la Dwina décrivant de
nombreux circuits, et souvent guéable en cette saison.
Vers huit heures, on rencontra les tirailleurs au bord
du ravin. Le passage fut vivement attaqué par les
hussards de Domon, et forcé après une lutte où la
cavalerie et l'infanterie montrèrent le plus grand
courage ; les Russes furent chassés de leurs positions.
L'Empereur, arrivé vers la fin du combat, ordonna au
vainqueur d'Ostrowno de les poursuivre sans relâche
jusqu'au soir. Le 27, dès la pointe du jour, Napoléon,
suivi du prince Eugène et du roi Murat, se porte en
avant pour tout ordonner par lui-même. On était près

de Witepsk dont on voyait déjà les clochers sur notre
gauche, au bord de la Dwina, et au pied d'une colline.
Un ravin nous séparait de l'ennemi, et le pont qui
servait à le passer avait été brûlé. Plus loin on décou-
vrait une plaine assez étendue dans laquelle une
arrière-garde, composée de cavalerie et d'infanterie
légère, s'apprêtait à disputer le passage ; au fond de
la plaine enfin, on apercevait l'armée russe présentant
une masse d'environ 90,000 hommes. Son attitude
autorisait à penser qu'elle était décidée à livrer
bataille. Napoléon l'appelait de tous ses vœux ; l'armée
partageait ses désirs et ses espérances. Il fit rétablir
le pont ; les cosaques de la garde impériale russe
voulurent s'opposer au passage de nos troupes ; mais
Domon, qui était à l'extrême avant-garde, les chargea
vigoureusement et les força de se retirer avec perte
derrière la Lutchesa. Cependant, dans la soirée, lorsque
la fatigue commençait à endormir la vigilance de nos
soldats, le général russe communiqua à tous ses chefs
de corps un ordre de retraite qui fut exécuté avec un
ensemble, une précision et un silence remarquables.
On laissa les feux allumés et l'arrière-garde pour nous
tromper complétement et l'on se retira sur trois
colonnes. Le lendemain, Napoléon reconnut que les
Russes, après s'être hardiment posés devant lui la
veille, venaient de décamper pour éviter la bataille.
Il les fit poursuivre par Murat qui prit avec lui une partie
de la cavalerie pour les serrer de près, et envoya
les hussards de Domon s'emparer de Witepsk. Ceux-ci
en chassèrent les cosaques sans qu'ils eussent le temps

de la brûler. L'armée y séjourna quelques jours pour s'y reposer. C'est dans cette ville que le colonel Domon reçut sa nomination de général sur la proposition qui avait été faite par Murat après le combat d'Ostrowno.

Il quitta en conséquence le 8e hussards qu'il laissa entre les mains du jeune de Coëtlosquet, comme nous l'avons dit plus haut, et prit le commandement des 11e et 12e régiments de chasseurs. Murat demanda aussitôt à l'Empereur et obtint que le général Domon fût attaché à son état-major et exclusivement employé sous ses ordres. Dans le cours de la campagne de Russie, il eut plus d'une fois occasion de se confirmer dans l'opinion avantageuse qu'il s'était faite de la bravoure, de l'intelligence et de l'activité de l'ancien colonel du 8e hussards. Le corps d'armée dont il faisait partie passa le Dnieper, le 13, sur deux ponts qu'on y avait jetés ; il était suivi à une journée de marche par le corps d'Eugène Beauharnais. Le 14 août, il s'avança vers Krasnoé : un peu en avant de cette ville on découvrit une division ennemie placée en observation pour protéger Smolensk contre nos tentatives. Cette division fut dispersée par notre cavalerie légère après une énergique résistance. Domon chargea trois fois les Russes à la tête de sa brigade et eut un cheval tué sous lui au milieu de la mêlée : il en prit un autre aussitôt et fit face à l'ennemi. Krasnoé tomba entre nos mains avec toutes ses provisions. Le 15, on célébra la fête de l'Empereur par quelques salves d'artillerie avec la poudre prise dans cette place.

Le 16, l'avant-garde marcha sur Smolensk où l'armée russe s'était réunie pour défendre cette ville contre nos attaques. Smolensk est située sur le Dnieper ; les ennemis arrivaient par la rive droite. Napoléon les fit suivre par son armée qu'il rangea immédiatement en lignes ; le 17, vers onze heures, le signal fut donné et chacun aborda les Russes conformément à la place qu'il occupait. Les régiments du général Bruyères et ceux du général Domon refoulèrent les dragons ennemis et protégèrent l'établissement d'une batterie de soixante bouches à feu destinée à foudroyer la ville. Après cette opération préliminaire notre infanterie, s'avançant en même temps sur toutes les portes, rejeta les Russes dans l'intérieur de la ville pendant que notre artillerie, qui comptait plusieurs centaines de pièces de canons, ravageait les maisons et tuait en grand nombre les défenseurs accumulés dans les rues et sur les places publiques. Nos soldats préparèrent tout pour enlever Smolensk le lendemain matin après l'avoir accablée toute la nuit de projectiles destructeurs. De leur côté les Russes, faisant le sacrifice de cette cité chérie qui venait de leur coûter tant de sang, se joignirent à nous pour la détruire et y mirent le feu. Vers minuit on vit jaillir tout à coup des torrents de flammes et de fumée. L'armée, debout sur les hauteurs, fut vivement frappée de ce spectacle extraordinaire semblable à une éruption du Vésuve par une belle nuit d'été. A la pointe du jour nos soldats se précipitèrent en masse dans la ville pour en arracher une partie aux flammes ; mais les ravages du feu

étaient considérables, les principaux magasins étaient
détruits et les pertes immenses surtout en denrées
coloniales.

Là, comme au commencement de cette campagne,
Domon se laissait éblouir par l'espoir de la paix, et les
avantages que les Français remportaient sur l'ennemi
le confirmaient dans son opinion. On en trouve la preuve
dans la lettre suivante qu'il écrivit à son frère :

« Smolensk, le 18 août 1812.

» Mon ami, je profite de l'occasion que je trouve pour
t'écrire et t'annoncer que par décret du 10 de ce mois,
l'Empereur m'a nommé général de brigade, j'ai sous
mes ordres les 11e et 12e régiments de chasseurs.

» Je me porte bien ; les Russes n'en veulent qu'à mes
chevaux, ils m'en ont encore tué un le 14 de ce mois.

» Nous battons l'ennemi solidement. J'espère t'écrire
bientôt de Moscou et t'annoncer une bonne paix.

» Je vis heureux, mon ami, d'obtenir les bontés de
l'Empereur et celles du roi de Naples qui commande en
chef la cavalerie de l'armée. »

Les Russes se retirèrent par la route de Moscou :
Napoléon les fit poursuivre par le maréchal Ney qui
les chassa vigoureusement jusqu'à un poste qu'ils
résolurent de défendre à tout prix. Le sol les y favori-
sait, car ils avaient pris position derrière un ruisseau
fangeux, et sur une côte longue et élevée, couverte
de distance en distance par d'épaisses broussailles.

Ney repoussa les avant-postes ennemis jusqu'au-delà
du ruisseau ; mais, pour opérer le passage de ce cours
d'eau dont le pont était détruit, il lui fallait du renfort.
Murat qui avait battu l'estrade avec les chasseurs de
Domon et quelques autres régiments de cavalerie
légère, vint se joindre à lui avec environ 3,000 cavaliers.
Il chargea avec violence les forces qu'il avait devant
lui et se déploya au galop sur le plateau d'où il força
les Russes à se retirer définitivement. Napoléon, qui
arriva sur le champ de bataille pour se rendre compte
par lui-même, commanda à Murat et à Davout de suivre
l'ennemi pas à pas pour deviner ses projets. Ils
s'avancèrent sans trop de difficultés jusqu'à Borodino,
où ils parvinrent le 5 septembre, et où la brigade de
Domon se trouva en face d'un mamelon fortifié, défendu
par un détachement d'environ 15,000 hommes. Il
attendit alors avec ses chasseurs l'arrivée d'une division d'infanterie, et se joignit à elle pour s'emparer
d'une plaine spacieuse où Napoléon s'empressa d'établir
son armée.

Nos soldats étaient enfin en présence de l'armée
ennemie forte de 140,000 hommes et disposée à accepter
le combat que nous lui offrions. Le lendemain fut
donné au repos et consacré par l'Empereur, soit à
rallier ce qu'il avait d'hommes en arrière, soit à recon-
naitre mûrement le terrain. La matinée du 7 fut
employée à mettre nos troupes en ordre. Notre armée
comptait 127,000 combattants et 580 bouches à feu.
Le 7, à trois heures du matin, on commença de notre
part à prendre les armes ; à cinq heures et demie

chacun était à son poste ; un coup de canon fut tiré, et
à ce signal un bruit effroyable succéda au silence le plus
profond : la bataille était commencée. Le prince Eugène
commandait l'aile gauche de l'armée vers Borodino, où il
entra sans trop de difficultés ; mais Ney et Davout avec
l'aile droite avaient à lutter contre la plus grande partie
des troupes russes, et commençaient à se replier, lorsque
Murat arriva avec les chasseurs de Domon et les hussards du général Bruyères. A l'aspect de notre infanterie en retraite, il met pied à terre, la rallie, la reporte
en avant, et lui fait exécuter de très-près des feux meur-
triers sur les cuirassiers russes ; puis il lance sur ceux-ci
la cavalerie légère et parvient à déblayer le terrain.

Dans cette attaque le général Domon a un cheval tué
sous lui et une blessure à la main gauche ; mais lorsque
Murat fait sonner la charge pour que nos soldats
reprennent les ouvrages qu'ils avaient évacués, il n'en
marche pas moins impassible à leur tête dans les
trouées faites par l'artillerie, et s'empare des canons
ennemis. Il était dix heures et demie du matin et nous
étions victorieux à droite et à gauche. Mais les Russes,
rassemblant toutes leurs forces, s'élancent avec leurs
réserves sur le centre de notre armée qu'ils parvien-
nent à faire reculer. Après un combat d'infanterie
dont on ne connaît pas d'exemple et dirigé par Ney,
Murat veut terminer la bataille sur ce point et ordonne
un vaste mouvement de cavalerie pour rompre les
rangs des ennemis. La mêlée devient meurtrière et les
victimes sont aussi nombreuses qu'illustres. Beaucoup
de nos officiers sont tués ou blessés. Il ne reste plus

que des généraux de brigade pour commander les divisions. Domon a trois chevaux tués successivement sous lui. Seuls Murat et Ney, comme invulnérables, sont toujours debout, toujours au milieu du feu sans être atteints. Ils envoient demander à Napoléon des secours pour percer définitivement l'armée russe. Mais il n'en a plus à sa disposition. On dut donc se contenter de faire accabler de mitraille les colonnes ennemies ; puis, lorsqu'elles furent assez ébranlées, Ney et Murat se rapprochèrent de l'aile gauche, et formèrent une ligne brisée qui enveloppait dans un angle de feu l'armée russe et la décimait horriblement. Elle rétrograda lentement sous une affreuse mitraille que font converger sur elle 300 pièces de canons. La bataille était gagnée. La plaine de Borodino était couverte de morts et de mourants. 90,000 tués ou blessés étaient étendus sur la terre. Notre perte fut d'environ 30,000 hommes dont 47 généraux. Le lendemain, Napoléon achemina Murat sur Mojaïsk afin de recueillir les fruits de la victoire. C'est de cet endroit que le général Domon écrivit à son frère la lettre suivante :

« Au bivouac en avant de Mojaïsk, le 9 septembre.

« Mon ami, nous avons remporté avant-hier une nouvelle victoire sur les Russes. J'ai eu plusieurs chevaux tués sous moi, une balle m'a légèrement touché la main gauche : je me porte bien. »

Cette victoire éclatante nous ouvrait la route de Moscou ; l'armée s'y dirigea dans l'ordre suivant : La

cavalerie de Murat formait l'avant-garde et était suivie
du corps de Davout : sur la droite de la grand'route,
Poniatowski marchait comme il l'avait fait pendant
toute la campagne, et le prince Eugène sur la gauche.
Cette double force, placée sur les deux flancs de
l'armée, avait pour but de faire tomber toute résistance
en débordant l'ennemi, et d'étendre le rayon d'appro-
visionnement. Le 9, le général Domon entra dans
Mojaïsk où il trouva plusieurs magasins en flammes,
mais où les maisons particulières étaient encore
intactes et contenaient des vivres. Le 10, à Krimakoé,
il rencontra l'arrière-garde russe établie derrière un
terrain fangeux couvert d'épaisses broussailles : il la
repoussa après une assez longue résistance. Le 11, il
parvint à Koubinskoé, le 12 à Momonowo, et le 13 à
Vorobiewo, dernier poste en avant de Moscou. Là
notre avant-garde atteignit les Russes, qui prenaient
position dans le but de défendre leur capitale. Elle
s'arrêta pour attendre le gros de l'armée ; mais pendant
la nuit du 13 au 14, les ennemis décampèrent et
traversèrent Moscou sans mot dire, en évitant les
combats afin que cette grande ville ne fût pas incendiée
par les obus. Le lendemain 14, notre armée dépassa la
dernière hauteur qui lui dérobait la vieille cité russe
et qu'on appelait le Mont du Salut, parce que, de son
sommet, à l'aspect de leur ville sainte, les habitants se
signent et se prosternent. Nos soldats, émus du
spectacle grandiose qui se déroulait devant leurs yeux,
s'écrièrent spontanément : Moscou ! Moscou !

Cette ville immense, nœud de l'Europe et de l'Asie,

sur la limite de la civilisation et de la barbarie, offrait
le mélange le plus singulier de palais, d'églises, de
dômes dorés étincelant aux rayons d'un soleil d'au-
tomne, de jardins, de bosquets, de maisons aux toits
brillant de couleurs variées, et de pauvres cabanes
tartares. Cet ensemble majestueux, encadré dans un
gracieux paysage, imposait et charmait. Au centre
s'élevait sur une éminence une forte citadelle, espèce
de capitole où se voyaient à la fois les temples de la
Divinité et les palais des empereurs ; où, au-dessus de
murailles crénelées, surgissaient des dômes majestueux, portant l'emblème qui représente toute l'histoire
de la Russie et toute son ambition, la croix sur le
croissant renversé. Cette citadelle, c'était le Kremlin,
ancien séjour des czars. Murat, qui avait reçu l'ordre
de pénétrer dans la ville, prit avec lui son état-major
et les deux régiments de chasseurs de Domon,
s'enfonça dans toutes les rues de cette capitale,
traversa tour à tour d'humbles quartiers et des quartiers magnifiques, des rangées de maisons en bois
serrées les unes contre les autres, et des suites de
palais splendides s'élevant au milieu de vastes jardins.
Le jour même Domon écrivit à son frère la lettre
suivante :

« Moscou, le 14 septembre 1812.

» Mon ami, le lundi de la fête de Leforest, c'est-à-
dire le 14 septembre, à deux heures et demie après-
midi, nous sommes entrés dans la célèbre ville de
Moscou. Me voilà donc à sept cents lieues environ de toi !

Cette distance, mon cher camarade, n'empêchera pas de nous revoir bientôt. Tu me trouveras vieilli, mais aussi bien portant que le jour que je t'ai quitté. Il n'y a que mes chevaux qui sont malheureux ; huit ont été tués ou blessés à mort sous moi, depuis le commencement de cette campagne, et je n'ai eu que deux légères blessures.

» Je fais mon devoir et je le ferai tant que je vivrai. Je suis bien traité et accompagne partout le roi de Naples : enfin je suis heureux. Bientôt nous aurons la paix. »

On voit qu'à cette époque le général Domon était encore dans une douce sécurité : il se figurait, comme tous les généraux, que, Moscou prise, Alexandre s'empresserait de demander un armistice : on ne prévoyait pas que le fanatisme russe irait jusqu'à sacrifier cette capitale, et que de grands désastres allaient marquer la retraite de notre malheureuse armée : cependant nos éclaireurs furent surpris de trouver la ville abandonnée.

Le lendemain, 15 septembre, Napoléon entra dans ses rues presque désertes avec ses légions, invincibles jusqu'alors, alla s'établir au Kremlin et distribua ses troupes dans les différents quartiers. Les maisons abondaient en vivres de toute espèce, et il fut facile de satisfaire aux besoins des soldats. On espérait donc jouir de Moscou, y trouver la paix, et, en tous cas, de bons cantonnements pour l'hiver. C'était une illusion : pendant la nuit du 15 au 16, des colonnes de flammes s'élevèrent au-dessus d'un bâtiment fort vaste où le gouvernement déposait les spiritueux qu'il débitait pour son compte au peuple de la capitale. On y courut d'abord sans étonnement, car on attribuait à la nature des matières contenues dans ce bâtiment, ou à quelque imprudence de nos soldats, la cause de cet incendie partiel. Mais, tandis qu'on s'en rendait maître, le feu éclata sur divers points, et, favorisé par un vent violent, il dévora rapidement ces maisons construites en sapin. Le gouverneur russe avait laissé dans la ville des forçats chargés de l'incendier ; ces misérables remplissaient leur mission, et, pour que Moscou ne pût échapper à son effroyable combinaison, il avait eu l'horrible précaution de faire détruire les pompes.

Dans ces douloureuses circonstances, le général Domon donna une nouvelle preuve de son intrépidité. Il se trouvait à la porte du Nord avec le maréchal Murat à contempler cet immense bûcher, lorsque celui-ci, voyant l'incendie entourer le Kremlin, et sachant par des rapports que cet édifice était miné, conçut pour l'Empereur les plus vives inquiétudes. Il demanda à Domon de lui porter une lettre pour l'avertir du danger qu'il courait. Le général partit sans hésitation avec Graff, son domestique ; il rencontra en chemin le chef d'escadron Hubert qui demanda et obtint le dangereux honneur de les accompagner. Ils pénétrèrent tous les trois dans Moscou, marchant un à un, à distance, le général en tête, tenant les dépêches de manière que, dans le cas où il eût succombé, le chef d'escadron Hubert pût s'en saisir et les transmettre de la même manière à Charles Graff.

Qui les gardera au milieu de cette solitude embrasée?... plus de chemin, du feu partout; les charpentes s'écroulent avec fracas sur leur passage; le plomb, les métaux qui couvrent les édifices, pleuvent autour d'eux, et cependant ils arrivent au terme de leur course; mais Napoléon avait quitté le Kremlin: ils ne le trouvèrent qu'à cinq heures du matin au château de Péterskoé, où il s'était retiré. Etonné de leur témérité, l'Empereur ne cesse d'être incrédule à leurs récits, qu'en voyant leurs cheveux, leurs moustaches et même leurs cils atteints par le feu. « Il faut que vous soyez des diables, s'écria-t-il alors », puis il éleva le chef d'escadron Hubert au grade de colonel et le général Domon au titre de commandeur de la Légion d'honneur. Ce terrible incendie dura quatre jours et détruisit la plus grande partie de la ville, malgré les efforts de nos soldats.

Le 22 novembre, Napoléon envoya Murat avec sa cavalerie à la poursuite des Russes qui s'étaient dirigés sur Kalouga, et qui voulaient couper les communications, si l'on se décidait à revenir vers Smolensk. La brigade de Domon était spécialement chargée de surveiller les mouvements de l'ennemi dans sa marche. Il passa près des ruines fumantes du superbe domaine de Rostopchin, gouverneur de Moscou: il contempla d'un œil de pitié ces cendres, tristes restes d'une antique splendeur. Une lettre, trouvée dans ces lieux, faisait connaitre que ce beau monument avait été détruit pour empêcher les Français d'y rencontrer un abri.

Voici cette lettre remarquable :

« Français, pendant huit ans j'ai pris plaisir à embellir ce bel héritage de ma famille. Les habitants, au nombre de 1,700, en sortiront quand vous en approcherez, et tout y sera réduit en cendres pour qu'aucun de vous ne souille ce sol par sa présence. Je vous ai laissé à Moscou deux palais et un mobilier d'un demi-million de roubles ; mais ici vous ne trouverez que des ruines. »

Notre avant-garde marcha vivement, et, le 27, elle rencontra les ennemis qui reculèrent et se retirèrent à Winkowo et à Taroutino, derrière la Nara. Nos soldats les y suivirent et s'arrêtèrent dans l'attitude de gens qui n'avaient pas renoncé à l'offensive, mais qui attendaient de nouveaux ordres ; ils étaient, en effet, à vingt lieues en arrière de Moscou, et notre cavalerie, fatiguée par toutes ces marches au milieu d'un pays dévasté, avait besoin de repos ; d'un autre côté, l'Empereur voulait essayer de mettre fin à cette guerre de destruction, et avait chargé le général Lauriston d'une proposition d'armistice pour le général russe Kutusof que nous avions devant nous. Kutusof répondit qu'il était dépourvu de pouvoirs, et obligé d'en référer à son gouvernement ; il envoya en conséquence un de ses aides-de-camp pour porter à Saint-Pétersbourg les ouvertures de Napoléon. Quant à l'armistice, il n'était pas possible d'en signer un ; mais il fut convenu que, sur toute la ligne des avant-postes, on cesserait de tirailler en attendant la réponse de Saint-Pétersbourg. Un avertissement de trois heures devait précéder la reprise des hostilités (3 et 4 octobre). Les corps français restèrent ainsi jusqu'au 17.

Pendant ces quinze jours, Murat et son état-major eurent plusieurs entrevues avec les officiers russes. On échangeait force politesses. Les conséquences de la mission du général Lauriston étaient souvent le sujet des conversations. Les généraux ennemis dissimulaient leur pensée à cet égard ; mais les aides-de-camp, presque tous jeunes, y mettaient moins de diplomatie. Dans leurs causeries avec les officiers français, ils disaient franchement que la paix ne se ferait pas tant que nous serions sur leur sol. L'un d'eux eut même l'audace d'ajouter que les Russes ne traiteraient qu'à Paris. Ce n'était alors que de la jactance, et cependant il était prophète sans le savoir. Nos adversaires comptaient en outre sur l'arrivée d'un puissant auxiliaire : c'était l'hiver avec toutes les rigueurs qui l'accompagnent dans les contrées du Nord. « Attendez encore quinze jours, disaient-ils, et vos ongles tomberont, vos doigts se détacheront de vos mains, comme les branches desséchées se détachent de l'arbre qui les nourrissait. »

Cependant les feux des bivouacs russes se multipliaient : Murat l'avait remarqué, surtout dans la nuit du 16 octobre. Le 17, dans l'après-midi, il chargea le général Lahoussaye d'une mission au quartier général ennemi ; mission qui n'avait pour objet réel que de l'éclairer sur la question de savoir si la reprise des hostilités était plus ou moins imminente. La nuit était venue, nuit fort noire, lorsque le capitaine Hoffmann, aide-de-camp du général Domon, fut chargé par lui de franchir promptement la ligne des vedettes, d'arriver au bivouac russe, comme envoyé par Murat, pour porter au général Lahoussaye l'ordre verbal de rentrer au quartier, en lui disant, sous forme confidentielle, mais pourtant de manière à être entendu par quelques officiers russes, que l'Empereur venait d'arriver à Winkowo. Cette ruse devait avoir pour effet de rendre Kutusof plus circonspect, et de retarder le mouvement offensif que prévoyait Murat. L'aide-de-camp du général Domon partit immédiatement pour remplir sa mission ; mais au moment où il allait arriver aux avant-postes ennemis, il rencontra le général Lahoussaye et son escorte : ils venaient annoncer l'attaque immédiate des Russes. Murat, qui comptait sur la promesse verbale qu'on s'était faite de se prévenir quelques heures à l'avance dans le cas d'une reprise d'hostilités, fut surpris et assailli : il n'eut que le temps de se mettre à la tête de sa cavalerie pour résister à ce choc imprévu, et donner à sa division le temps de se replier sur le gros de l'armée avec une perte de 1,500 hommes et de son artillerie.

Dans cette soirée du 17, et dans la lutte qui s'ensuivit, Murat éprouva une grande douleur morale par la perte du lieutenant-général Déry, son ancien compagnon d'armes en Italie et en Egypte, son ami et son capitaine-général des gardes, qui fut tué dans les premiers moments de confusion sans qu'aucun officier du roi fût témoin de sa mort. Le surlendemain il demanda avec instance au général Domon de remplacer près de lui cet ancien ami, au même titre et dans son grade et ses fonctions de lieutenant-général commandant la cavalerie et l'artillerie de la garde royale de Naples. Tout en exprimant au roi combien cette proposition le flattait, le général Domon hésitait. Il demanda une demi-heure de réflexion, et, après s'être consulté avec le capitaine Hoffmann, celui de ses aides-de-camp qu'il affectionnait le plus, il se décida pour l'acceptation. Murat demanda alors l'autorisation de l'Empereur ; Sa Majesté l'accorda par écrit dans les termes suivants :

« Vous ne pouviez faire un meilleur choix que celui du général Domon pour remplacer le brave Dery. J'autorise ce général et ses aides-de-camp Hoffmann et de Knift à passer au service de Naples. Toutefois, ces officiers continueront à faire partie des cadres de l'armée française. — Signé : NAPOLÉON. »

En apprenant le combat de Winkowo, l'Empereur s'emporta contre la mauvaise foi des Russes qui n'avaient pas respecté l'engagement verbal de se prévenir trois heures à l'avance ; il voulut les punir et donna immédiatement à l'armée l'ordre de quitter Moscou et de marcher à l'ennemi. Ce fut le premier jour de la retraite (19 octobre). Car arrivé à Winkowo, voyant que Kutusof était fortement campé dans une belle position et qu'il fallait lui livrer une grande bataille pour l'en déloger, il crut plus avantageux de faire défiler ses troupes devant les Russes, sans en être aperçu, en se portant, par un brusque détour à droite, de la vieille route de Kalouga, sur la nouvelle, afin d'atteindre Malo-Jaroslawetz. Mais ce détour nous obligeait à mettre deux jours de plus pour arriver au but proposé, et, malgré toutes les précautions qu'on avait prises, Kutusof avait eu vent de la marche de nos troupes et s'avançait dans l'intention de couper notre retraite. Napoléon aurait pu lui passer sur le corps ; mais il recula devant l'idée de laisser peut-être 10 ou 15,000 blessés abandonnés, malgré leurs prières et leurs cris, sur une route frayée par leur dévouement. Après avoir pris l'avis de ses officiers, il se décida donc à reprendre la route de Smolensk et, le 26 octobre, commença le mouvement définitif de cette lamentable retraite. L'armée mit trois jours à gagner Mojaïsk qu'elle traversa pour camper sur le champ de bataille de Borodino, où gisaient encore les restes, à demi-dévorés par les vautours, des 30,000 hommes qui y avaient perdu la vie au dernier combat. On en partit le 31 octobre et l'on marcha vers Dorogobouge. Déjà nos soldats souffraient beaucoup à cause du manque de vivres et des attaques incessantes des Cosaques qui tuaient nos fourrageurs.

Domon donna alors l'exemple de ce courage moral d'un chef qui, en arrêtant les effets du découragement chez ses subordonnés, pouvait les sauver des dangers qui les menaçaient. Le 6 novembre, raconte un de ses compagnons d'armes, il y avait vingt-quatre heures

que notre brigade n'avait reçu ni vivres, ni fourrages.
Le général Domon, craignant d'exposer ses soldats en
les envoyant seuls, voulut tenter par lui-même une
excursion pour s'en procurer. Il profita d'un clair de
lune et, à la tête de 30 chasseurs, se dirigea vers un
village qui devait être habité, car on voyait une épaisse
fumée planer au-dessus de ses maisons. Il mit pied à
terre et, comme un simple soldat, alla en reconnaissance, avec 4 hommes, vers le lieu que lui indiquait la
fumée. A l'angle d'un sentier qui conduisait au hameau,
il aperçut 6 Cosaques ivres-morts, ronflant bruyamment
auprès d'un brasier enflammé ; il entendait en même
temps les cris de joie d'une troupe nombreuse à qui les
malheureux endormis servaient d'avant-garde. A un
signe de Domon, ses soldats s'approchent des Cosaques
et les tuent ; puis ils s'emparent de leurs vivres qu'ils
dévorent pour apaiser leur faim. Le général, jugeant
d'après le bruit que les Russes, qui se trouvaient dans
le village, étaient trop nombreux pour qu'il pût les
attaquer, imagina une ruse afin d'avoir des provisions
sans danger : il dépêcha un des soldats vers le détachement qu'il avait laissé et lui fit donner l'ordre de se
disséminer par groupes, de tirer continuellement des
coups de pistolet et de se rapprocher du hameau, en
formant le rayon pour y arriver en même temps.
Domon fit en outre revêtir à ses chasseurs les habits
des Cosaques, et, aux premiers coups de pistolet, ils
coururent en poussant des hurra, et en criant : « Napoléon ! Napoléon ! » vers la masse des ennemis qui, au
nombre de 3 ou 400, étaient accroupis autour d'un

grand feu. Ceux-ci, effrayés en entendant retentir à
leurs oreilles un nom qui les faisait trembler, s'enfuirent
dans la direction opposée aux décharges de nos soldats.
Nos chasseurs se réunirent, rirent du stratagème et de
la frayeur des Russes, et oublièrent pour un instant
leurs fatigues et leurs misères, en profitant du feu
et des provisions qui ne leur étaient pas destinés.
Lorsque le jour parut, ils parcoururent le hameau, où
ils trouvèrent une assez grande quantité de pain, de
viande et de poissons salés, des légumes secs et de
l'eau-de-vie. Ils chargèrent aussi de fourrage et d'avoine
quelques voitures abandonnées par les Russes et rega-
gnèrent leur régiment, avec lequel ils partagèrent
leurs provisions.

Dans la journée du 9, le temps se chargea de sombres
vapeurs, et des torrents de neige tombèrent, poussés
par un vent violent. Nos soldats, couchant à terre sans
tentes ni abris, furent cruellement éprouvés. Ils marchaient affublés de vêtements de tout genre, enlevés
de l'incendie de Moscou, sans pouvoir se garantir du
froid ; à chaque montée, rendue glissante par la glace,
nos chevaux d'artillerie ne parvenaient pas à tirer les
pièces du plus faible calibre, et on était obligé d'abandonner graduellement les canons et les caissons.
La nuit venue, on se jetait sur les chevaux qui avaient
succombé ; on les dépeçait à coups de sabre et on en
faisait rôtir les lambeaux à d'immenses feux allumés
avec des arbres abattus ; on les dévorait et on s'endor-
mait autour de ces feux. Si les Cosaques ne venaient
pas troubler un sommeil chèrement acheté, on se

réveillait quelquefois à demi-brûlé, quelquefois enfoncé
dans une fange que la chaleur avait changée de glace
en boue. Tous pourtant ne se réveillaient pas : car, à
mesure que le froid augmentait, il y en avait déjà un
certain nombre qui ne résistait pas à la température
des nuits. On partait néanmoins, regardant à peine les
malheureux qu'on laissait morts ou mourants derrière
soi et pour lesquels on ne pouvait plus rien. La neige
les recouvrait bientôt, et de légères éminences mar-
quaient la place de ces braves soldats.

La grande armée marchait ainsi, mais elle prenait
son mal en patience par l'idée qui soutenait tout le
monde de trouver, à Smolensk, vivres, repos, toits,
renforts ; tous les moyens enfin de recouvrer la force,
la victoire et cette supériorité glorieuse dont elle avait
joui vingt années. Cependant là aussi de nouveaux
mécomptes nous attendaient : Napoléon apprit que
trois armées russes allaient se réunir pour menacer
notre ligne de retraite. Il donna l'ordre d'en partir
les 14, 15, 16, 17 novembre, afin de devancer l'ennemi.
Mais lorsque nos troupes arrivèrent le 22 à Toloczin.
le détachement qui gardait Borisow avait été repoussé
et les Russes nous barraient le passage en nous privant
du seul pont sur lequel nous pouvions traverser la
Bérézina. Nous étions dans la position la plus critique
qu'on pût imaginer : à gauche Tchitchakoff victorieux.
à droite Witgenstein qui ne manquerait pas de nous
prendre en flanc pendant que nous essaierions de passer.
et en arrière Kutusof qui devait nous assaillir en queue.
tandis que les autres généraux nous attaqueraient de

front ou par côté. Napoléon se décida à traverser la
Bérézina en faisant jeter deux ponts à Studianka, à
trois lieues de Borisow : l'un pour les voitures, les
caissons et la cavalerie, l'autre pour les piétons (26 et
27 novembre).

Le 28 la traversée était à moitié effectuée, lorsque
les Russes, attaquant nos troupes de toutes parts,
essaient de rejeter dans la rivière ceux qui l'ont
franchie, pendant qu'une autre armée s'efforce d'y
précipiter ceux qui ne l'ont pas encore passée. L'armée
française parvint enfin sur l'autre rive, mais après une
lutte qui coûta la vie à beaucoup des nôtres. Elle
continua sa route avec rapidité en brûlant les ponts,
afin de devancer l'ennemi sur la route de Wilna.
Le 4 décembre, on arriva à Smorgoni où il fallut
encore se battre. C'est de là que Napoléon, croyant
avoir assez fait pour son honneur en restant avec
l'armée jusqu'au point où les fourches Caudines
n'étaient plus à craindre, résolut de partir pour Paris.
Accompagné de quatre hommes sûrs, il traversa secrè-
tement la Pologne en traîneau, l'Allemagne en poste,
et arriva aux Tuileries avant d'y être attendu. Il lui
fallait un remplaçant : c'est sur Murat que tomba son
choix. On continua à cheminer machinalement devant
soi, dans la direction de Wilna où l'on comptait sur
des vivres ; mais chaque jour venait accroître la souf-
france de cette marche ; le froid était de 36 degrés
centigrades ; la vie se serait éteinte dans des corps
sains, à plus forte raison dans des corps épuisés par
la fatigue et les privations. Enfin à force de marcher,

de souffrir, de joncher la terre de leurs morts, les restes de notre armée arrivèrent à Wilna le 9 décembre et y trouvèrent des vivres et des provisions. Mais le même jour Platow et ses Cosaques parurent aux portes de la ville; ce fut en vain que nos généraux voulurent rassembler leurs hommes et repousser l'ennemi; on ne répondit pas à leur appel. La nuit suivante Murat s'achemina vers le Niémen qu'il repassa pour venir s'établir à Kœnigsberg et de là à Posen. Il ne restait de la grande armée que des débris qui furent ainsi distribués: 25,000 hommes à Dantzig, 10,000 hommes dans les places secondaires de la Vistule, 10,000 de toutes nations à Posen avec le quartier général, et 28,000 à Berlin [1].

Murat avait pris la résolution de se démettre de ses fonctions de général en chef de l'armée française. Dès le 1er janvier 1813, à Kœnigsberg, il disait au général Domon, son capitaine des gardes: « Je viens d'écrire à l'Empereur que le mauvais état de ma santé (il était réellement souffrant) et les affaires de mon royaume me réclament à Naples; je le prie de m'autoriser à remettre le commandement des troupes, ajoutant que si, de ce jour au 15 janvier, je n'ai pas de réponse de Sa Majesté, je considérerai son silence comme un consentement, et je partirai pour Naples ». L'Empereur, fort irrité de cette résolution, ne lui répondit pas. Le 15 janvier, Murat fit venir à Posen le prince Eugène et le désigna, en attendant les ordres de Napoléon.

[1] M. Thiers.

comme commandant de la grande armée. C'était le meilleur choix qu'on pût faire, car Eugène, pendant la campagne de Russie, avait déployé une rare bravoure, des connaissances militaires et de véritables vertus. Il partit ensuite emmenant avec lui son capitaine des gardes, le général Domon, que suivirent ses aides-de-camp les commandants Hoffmann et de Knift. L'Empereur témoigna son mécontentement contre Murat par l'article suivant du *Moniteur :* « Le roi de Naples étant indisposé a dû quitter le commandement de l'armée qu'il a remis entre les mains du vice-roi. Ce dernier a plus d'habitude d'une grande administration ; il a la confiance de l'Empereur. » Cet article blessa profondément son beau-frère.

CHAPITRE IV

Cependant la retraite de Moscou avait porté un coup
mortel à la puissance de Napoléon. Une sixième coalition européenne se forma. Ce qui aggravait le péril,
c'est que les souverains alliés faisaient appel à la plus
énergique des passions populaires : le sentiment national. « Allemands, disait Wittgenstein, nous vous
ouvrons les rangs prussiens ; vous y trouverez le fils
du laboureur à côté du fils du prince. Toute distinction
de rang est effacée par ces grandes idées : le roi, la
liberté, l'honneur, la patrie. » Et l'Allemagne, piétinée
depuis six ans par nos soldats, écoutait avec une
résolution farouche la voix de ses princes, de ses
poëtes et préparait sa première revanche. Mais
Napoléon ne s'était pas laissé décourager par les
revers : avec 20,000 recrues réunies aux débris de la
grande armée, il avait attaqué les ennemis et les avait
battus à Lutzen, le 2 mai, et à Bautzen, le 21 mai 1813.

Puis il leur avait accordé, pour traiter de la paix, la suspension d'armes de Pleiswitz, dont les alliés profitèrent pour masser leurs troupes et augmenter leurs forces en décidant l'Autriche à marcher de concert avec eux. Les hostilités devaient recommencer le 17 août.

A la nouvelle de cette lutte que la France allait soutenir contre l'Europe coalisée, Murat oublia l'injure qu'il avait reçue ; il autorisa sa femme Caroline Bonaparte à écrire à l'Empereur pour l'assurer de son attachement à sa personne et à sa cause, et de son désir de se rendre à l'armée.

Napoléon, répondit : « Mon beau-frère peut venir près de moi, il sera bien reçu. » Le jour même de l'arrivée de cette lettre, 1er août 1813, le roi la communiqua au baron Domon et l'interpella ainsi : « Domon, quand partons-nous ? — Aujourd'hui, sire, » répondit le général. Soit que Murat ait eu moins d'empressement ou qu'il lui restât quelque disposition à faire, il fixa au lendemain son départ qu'il effectua en emmenant avec lui son capitaine des gardes et deux de ses aides-de-camp, les colonels de Gobert et de Rochambeau. Avant de quitter Naples, Caroline avait recommandé au général Domon, qu'elle estimait beaucoup, de lui écrire aussitôt qu'ils seraient arrivés au quartier général français ; il le fit, et voici la réponse qu'il reçut de la main même de la reine : « Général, j'ai reçu votre lettre qui m'a fait grand plaisir ; je veux que vous m'écriviez souvent. Je me repose sur votre attachement pour le roi pour faire en sorte de modérer son courage

et d'éloigner de lui les occasions où il serait trop
exposé — si cela est possible — car je sais qu'il y a
des moments où il faut fermer les yeux et compter sur
sa bonne étoile qui, j'espère, ne l'abandonnera pas dans
le poste périlleux où il va se trouver encore une fois —
Signé : CAROLINE. »

Napoléon accueillit Murat avec bonne grâce, et,
dans la nuit du 15 au 16 août, il partit avec lui et le
général Domon pour Bautzen afin d'être aux avant-
postes vingt-quatre heures avant la reprise des hostilités. Le 20 août il se trouvait à Gorlitz où il apprit que
l'armée de Silésie, commandée par Blücher, avait
envahi, dès le 15, les pays neutres qu'elle aurait dû
respecter jusqu'au 17, et se dirigeait vers la Bober.
Il mit aussitôt en mouvement sa cavalerie et trois
divisions de sa garde ; ce renfort qu'il amenait au maréchal Ney lui mettait sous la main 130,000 hommes.
C'était plus qu'il n'en fallait pour faire repentir Blücher
de sa témérité, et de l'infraction qu'il s'était permise
contre le droit des gens. Dans la matinée du 21 on
traversa la Bober à Lowenberg et on marcha vivement
à l'ennemi. Blücher, en se voyant abordé si vigoureusement, se douta bien qu'il avait Napoléon devant lui,
et se retira derrière un cours d'eau. Le 22, l'armée
française continua sa marche offensive. C'est dans le
combat de ce jour que Murat, impatienté de voir sa
tête de colonne arrêtée dans un défilé que défendaient
les Prussiens, y envoya le général Domon pour sabrer
les ennemis. Celui-ci se mit à la tête de ses chasseurs,
força le passage, mais fut atteint d'un coup de feu tiré

presque à bout portant et qui lui fractura le genou ; blessure grave qui ne lui permit de remonter à cheval qu'à l'époque des cent-jours. On le conduisit à l'ambulance de Lowenberg où il resta jusqu'à la fin de septembre en proie à de grandes souffrances ; il y reçut la lettre suivante de Jérôme Bonaparte, frère de l'Empereur :

« Monsieur le général Domon, j'apprends avec peine que vous souffrez encore beaucoup ; mais tout ira bien avec le courage que vous montrez ; il faut du calme et de la patience ; il en faut beaucoup. Ma santé est fort bonne ; j'espère vous voir bientôt. Comptez toujours sur mon amitié. — J. NAPOLÉON.

» Grossengarthen, 21 septembre 1813. »

Lorsqu'il put être transporté sans danger au moyen d'un appareil en fer-blanc enveloppant tout le membre blessé, Murat le renvoya à Naples, où, bravant la douleur et oubliant en quelque sorte la gravité de sa blessure, il s'occupa, selon les intentions du roi, de l'organisation d'une nouvelle armée. Le lendemain de son arrivée, il reçut un cadeau de la reine, accompagné de la lettre suivante : « Sa Majesté la Reine, me charge, monsieur le Général, de vous envoyer un cabaret de porcelaine et deux vases pour votre cheminée. Sa Majesté désire que vous les gardiez, comme un souvenir de l'intérêt constant qu'elle conserve pour vous. »

Quelques jours après la bataille de Leipzig (16-19 octobre) Murat revint aussi dans ses états pour presser la levée et l'organisation de nouveaux bataillons qui devaient empêcher les Autrichiens et les Anglais d'envahir son royaume. Mais bientôt le bruit courut à la cour de Naples que le roi passait à la coalition. Domon, ne pouvant le croire, se fit transporter au palais et y fut reçu par Murat qui, connaissant la loyauté du général et son patriotisme, n'eut pas le courage d'avouer sa défection. Il lui dit : « Domon, rassurez-vous ; jamais je ne tirerai l'épée contre l'Empereur. » Lorsqu'il sortit du palais une dame de la cour lui remit de la part de la reine la lettre suivante : « La reine désire, M. le Général, que vous puissiez la voir sur-le-champ ; s'il ne vous est pas trop pénible de monter jusqu'à son cabinet, Sa Majesté vous y recevra ; dans le cas contraire elle redescendrait dans cet appartement. — Signé : Victorine Soissons, dame d'honneur de la reine. »

Il se fit porter chez Caroline et, lorsqu'ils furent seuls, elle lui demanda quel avait été l'objet de sa visite au roi. Le général le lui dit en exprimant sa vive satisfaction du démenti énergique donné par le prince au bruit de sa défection. La reine indignée s'écria : « Le malheureux ! il a signé, le 11 janvier, son traité d'alliance avec l'Autriche. » Indigné à son tour, le général Domon revint chez le roi, l'accabla de reproches et lui donna sa démission, refusant toute espèce de dotations et la main de la princesse Pignatelli que Murat lui offrait pour le retenir à Naples. Puis il rentra chez lui, au palais Acton, et commença ses préparatifs pour revenir en France le plus tôt possible. Pendant qu'il mettait ordre à ses affaires, Caroline lui fit parvenir un billet ainsi conçu : « Sa Majesté la Reine me charge, monsieur le Général, de vous envoyer l'extrait ci-joint ; elle désire que vous ne disiez pas le tenir d'elle. »

Extrait d'une dépêche télégraphique : « Le 29, l'Empereur est arrivé à Brienne, le 30 il a attaqué l'ennemi ; à la fin de la journée Sa Majesté lui avait fait 1,500 prisonniers et pris 19 pièces de canon. Certifié conforme au contenu d'une dépêche télégraphique venue aujourd'hui 7 février 1814. — Signé : Eugène NAPOLÉON. »

Les forces du général Domon commençaient à revenir, et il sentait que son bras pouvait être utile à la France ; il hâta donc ses préparatifs et vendit tout ce qu'il possédait en équipages, chevaux, meubles ; ce qui, joint à ses économies et aux avances qu'il avait faites aux troupes de Naples rencontrées à Wilna, à Kœnigsberg et à Elbing pendant la retraite de Moscou, lui fit un avoir de deux cent cinquante mille francs. Dans la crainte d'être pris par l'escadre anglaise qui sillonnait la Méditerranée, bien qu'il eût un permis d'embarquer délivré et signé par lord Bentinck, il résolut de déposer ses fonds chez le banquier Falconnet. Mais celui-ci ne voulut pas s'en charger à cause des événements. Alors Caroline Murat lui proposa de laisser cet argent au Trésor royal, et elle s'engagea à lui en payer la rente de mille francs par mois, en

attendant qu'elle pût lui envoyer le capital en France.
La pension courait du 1er janvier 1814. Mais elle ne fut
jamais payée à cause des troubles qui survinrent alors,
et le 1er janvier 1817, elle fut annulée par le roi
Frédéric IV remonté sur le trône de Naples. C'est
ainsi qu'à une époque où les exemples de défection
étaient si fréquents et venaient de si haut, le général
Domon renonça à une position honorable et largement
rétribuée, et sacrifia la fortune qu'il avait acquise par
vingt-cinq années de travaux incessants et pénibles, et
cela pour ne pas manquer à son serment de fidélité à
la France. Toutes les démarches qu'il fit dans la suite
pour rentrer en possession des sommes qu'il avait
déposées au Trésor royal de Naples furent inutiles, et
il ne toucha même pas les arrérages du 1er janvier 1814
au 1er janvier 1817, arrérages dont on ne pouvait
cependant lui contester la légitimité.

Lorsque le général Domon rentra en France, il
frémit de rage en voyant le sol de sa patrie foulé sous
les pieds de l'étranger ; il aurait voulu marcher à
l'ennemi et prêter de nouveau son bras à la défense de
son pays. Mais Paris venait de se rendre aux coalisés
et l'Empereur avait signé son abdication. Les officiers
qu'il avait déliés de leur serment par la signature de
cet acte crurent pouvoir servir un roi dont les intentions paraissaient pures et les promesses assurées ; et
lorsque Louis XVIII confirma Domon dans son grade
de lieutenant-général, et lui confia une division de
cavalerie stationnée à Châlons-sur-Marne, il accepta ce
commandement (19 mars 1815). Cette division com-

prenait le 5e régiment de hussards, le 5e et le 11e de chasseurs. Domon partit pour se rendre à son poste; mais il apprit pendant son voyage le débarquement de Napoléon et sa rentrée en France. Quand il arriva à Châlons, ses soldats avaient déjà arboré les couleurs nationales. Il avait trop admiré l'Empereur pour ne pas apprendre son retour avec joie. Malgré les erreurs et l'ambition insatiable de cet homme extraordinaire, toute l'armée pensait comme lui. L'Empereur le maintint à la tête de la division qu'il commandait, et notre héros justifia pleinement sa confiance; il travailla activement, et avec succès, à rétablir l'ordre, la discipline dans les régiments qu'il avait sous son commandement. Bientôt les officiers et les soldats sentirent renaître leur ardeur martiale et leur désir de combattre sous un chef qui appréciait et récompensait la valeur.

Mais l'Europe, restée sous les armes, était prête à recommencer la lutte contre la France, et, dès le 1er avril, ses forces se mirent en marche. Vers le milieu du mois de mai, une armée de 133,000 Prussiens, sous les ordres de Blücher, campait sur la Meuse aux environs de Namur, et une armée anglaise de 100,000 hommes, commandée par Wellington, était entre Nivelles, Bruxelles et la mer. Quoique Napoléon eût déployé une activité inouïe depuis son retour à Paris, il n'avait que 125,000 hommes à conduire sur la frontière du Nord. Au commencement de juin, Wellington et Blücher se rapprochèrent de Charleroy; mais ils n'étaient pas tellement unis qu'on ne pût pénétrer entre eux. L'Empereur avait clairement discerné le

point par où il pourrait s'introduire dans leurs cantonnements, s'interposer entre leurs lignes, battre les
Prussiens d'abord, les refouler sur la Meuse, puis battre
les Anglais, les acculer à la mer et se présenter ensuite
à la coalition avec l'auréole d'une double victoire pour
obtenir une paix honorable. Ses 125,000 hommes étaient
disséminés de Lille à Metz ; il les réunit rapidement
et les concentra autour de lui sur cinq ou six lieues
aux environs de Philippeville, Beaumont et Maubeuge.
Le mouvement commencé le 7 juin était terminé
le 13 et, le 14, nos camps étaient établis derrière des
monticules à une lieue de la frontière, masqués par
une forêt dont la seule épaisseur les séparait de
l'ennemi, et sans que cet ennemi en eût connaissance.
L'armée française se divisait en cinq corps dont le 3e,
commandé par Vandamme, se composait des trois
divisions d'infanterie des généraux Lefol, Hubert et
Berthezène, et de la division de cavalerie du général
Domon. Ce corps se trouvait au centre à Beaumont, et
avait l'ordre formel de partir à trois heures du matin
pour se trouver entre neuf et dix heures devant
Charleroy. Malheureusement Vandamme avait dû
prendre quartier hors de Beaumont : l'officier, chargé
de lui porter les ordres, s'était cassé la jambe en
cherchant après la maison de campagne où il était logé,
et, lorsque le général Rogniat vint pour se joindre à
lui, Vandamme n'avait pas été prévenu. Rogniat
n'attendit pas l'infanterie, il prit avec lui le général
Domon et sa cavalerie, la réunit à celle de Pajol et
s'élança sans hésiter sur Charleroy. Nos hussards et nos

chasseurs battirent la campagne, et refoulèrent les
avant-postes prussiens en leur faisant deux à trois
cents prisonniers qui furent les premiers de cette
courte campagne. On les conduisit à l'Empereur qui
demanda l'auteur de ce fait d'armes. — Domon, lui
répondit celui qu'il interrogeait. — Ah! je n'en suis
pas étonné, reprit Napoléon, il en ferait bien d'autres.
Rogniat, qui suivait de près nos éclaireurs avec quelques compagnies du génie et les marins de la garde, se
jeta brusquement sur le pont de Charleroy, s'en saisit
avant que l'ennemi pût le détruire, fit sauter avec des
pétards les portes de la ville, y pénétra et fraya ainsi
la route à Pajol et à Domon. Ceux-ci traversèrent la
ville au galop et se mirent à la poursuite des Prussiens, qui se replièrent en toute hâte à Gilly, où
l'Empereur les fit charger par le général Letort et
refouler vers Fleurus. Pendant ce temps Ney s'avançait sur la route de Bruxelles, vers la position des
Quatre-Bras, pour arrêter les Anglais dans le cas où ils
viendraient au secours des Prussiens.

Napoléon prit ce jour-là une mesure qui devait
exercer une grande influence sur le sort de la campagne:
jusque-là chaque chef de corps recevait directement
les ordres de l'Empereur, car tous nos mouvements
étaient pour ainsi dire concentriques. Mais, le lendemain, l'intervention des Anglais pouvait nous obliger à
opérer simultanément dans deux directions et contre
deux armées différentes. Dans cette prévision, il crut
nécessaire de placer sous les ordres d'un seul chef les
troupes chargées de contenir ou de combattre celle

des deux armées qu'il n'aurait pas devant lui ; et, dans la nuit du 15 au 16, il fit de toutes ses divisions trois parts qu'il composa ainsi : l'aile droite confiée au maréchal Ney fut formée par la réunion du 1er corps, commandé par le comte d'Erlon, et du 2e corps, commandé par le comte Reille, avec la cavalerie de Desnöettes et les cuirassiers de Kellermann : total 47,450 hommes ; l'aile gauche, commandée par Grouchy, se composait du 3e corps, commandé par Vandamme et du 4e corps, commandé par le comte Gérard, avec la cavalerie des généraux Domon, Pajol et Excelmans et les cuirassiers Milhaut : total 38,000 hommes ; le centre et la réserve, commandés par l'Empereur, comprenaient le 6e corps sous les ordres de Lobau avec la garde : au total 28,180 hommes. Ney avait pour mission d'arrêter les Anglais aux Quatre-Bras, s'ils s'y présentaient pour faire leur jonction avec les Prussiens ; Grouchy devait attaquer les Prussiens à Fleurus et l'Empereur se porter sur l'une ou l'autre aile, selon les circonstances.

En ordonnant à Ney et à Grouchy cette double marche presque parallèle, Napoléon comptait bien que les généraux ennemis, surpris dans leurs cantonnements par la promptitude de son attaque, n'auraient pas le temps de réunir leurs troupes et de lui offrir de sérieux obstacles avant qu'il se fût emparé de la capitale de la Belgique. Aussi sa surprise fut grande lorsque, entré dans Fleurus, on lui annonça la présence entre Bry et Sombref de masses prussiennes considérables. Il se porta aussitôt sur la ligne des vedettes, monta dans un moulin à vent, situé sur la gauche de la route qui conduit à Sombref, et vit d'épais bataillons couvrir la terre en avant de ce village. C'était Blücher qui, prévenu par la trahison de Bourmont, avait rassemblé immédiatement ses troupes, et venait barrer le chemin de Bruxelles avec 95,000 hommes. L'Empereur se décida à livrer bataille sur-le-champ ; il donna l'ordre à Grouchy d'attaquer l'ennemi avec le 3ᵉ et le 4ᵉ corps, et, en même temps, il prévint le maréchal Ney de repousser les Anglais qu'il avait devant lui, puis de se rabattre sur Bry et Saint-Amand pour envelopper la droite des Prussiens et tomber à bras raccourcis sur ses derrières.

La plaine de Fleurus, à une demi-lieue au nord de cette ville, est brusquement terminée par un ruisseau large et fangeux qui, sorti d'un pli de terrain le long de la route de Namur à Bruxelles, coulait de notre gauche à notre droite presque parallèlement à la chaussée, et, après plusieurs contours sinueux, traversait le village de Saint-Amand. Ensuite ce ruisseau se détournait brusquement, et, au lieu de suivre parallèlement le chemin de Namur, formait avec lui une perpendiculaire, passait à travers Ligny et continuait jusque près de Sombref pour aller tomber dans un affluent de la Sambre. Au-delà de son lit et des villages qu'il arrosait, le terrain s'élevait en talus jusque sur le flanc de la chaussée que les Prussiens voulaient défendre, et présentait un amphithéâtre chargé de 90,000 hommes. Napoléon, décidé à attaquer immédiatement, établit à gauche, c'est-à-dire en face de Saint-Amand, le corps de Vandamme composé de trois divisions d'infanterie et de la division de cavalerie légère du général Domon ; à droite, le corps du général Gérard composé également de trois divisions d'infanterie et d'une division de cavalerie, enfin en seconde ligne la garde tout entière, avec une superbe artillerie. Les divisions d'infanterie et la cavalerie légère de Domon devaient commencer l'attaque contre Saint-Amand où les Prussiens s'étaient cantonnés. Les maisons de ce village, isolées les unes des autres, étaient assises au milieu de jardins et de vergers que couvraient quantité d'arbres fruitiers ou de haute futaie. La multitude de ces arbres offrait l'apparence d'un bois, en sorte que l'on n'apercevait que l'église, et quelques maisons qui l'entouraient à l'extrémité qui regarde Ligny. L'infanterie de Vandamme et la cavalerie de Domon se portèrent sur ce point. Les soldats, impatients de leur inaction, accueillirent avec de longs cris de joie l'ordre d'aller à l'ennemi ; et, quand trois coups de canon, tirés à intervalles égaux, éclatèrent dans la direction de Fleurus, comme signal du combat, des chants, les sons d'une musique guerrière, de longues acclamations se firent entendre au loin dans la plaine. Les Prussiens, embusqués derrière le rideau de haies et d'arbres placés en avant du village, se tenaient immobiles et silencieux, la main sur la détente de leurs fusils ; cependant les chants, les acclamations se rapprochaient et devenaient plus distincts. Tout à coup un feu roulant de mousqueterie éclate et couvre toutes les voix : c'était l'ennemi qui tirait à brûle-pourpoint sur nos soldats. Ceux-ci, loin de s'arrêter, s'élancent avec impétuosité ; l'église, son cimetière, les maisons les plus voisines, sont immédiatement emportés. De ce point, la lutte s'étend dans les vergers. Chaque arbre, chaque fossé, chaque clôture est attaquée et défendue ; on se fusille à bout portant. La rencontre d'une maison, sous cet épais fourré où le soleil pénétrait à peine, était une bonne fortune pour les combattants ; là, point de retraite possible : on ne tirait pas, on se poursuivait, on luttait corps à corps ; on se tuait à coups de baïonnette, dans les chambres, dans les greniers, jusque dans les caves. Les Prussiens, malgré l'énergie de leur défense, furent à la fin repoussés sur le ruisseau. La possession de ce mince filet d'eau, coulant au fond d'un fossé taillé à pic et dont les bords n'ont pas moins de deux à trois pieds d'élévation, devint l'objet d'efforts longs et acharnés. Nos soldats s'en étaient emparés lorsque Blücher, accouru de sa personne à la tête de plusieurs bataillons de réserve, réussit, par un violent effort, à rejeter nos régiments sur le bord opposé, mais non à les repousser du village.

Pendant que notre aile gauche prenait ainsi Saint-Amand, le comte Gérard se couvrait de gloire à l'aile droite, et y montrait autant d'intrépidité que de talents. Quatre fois repoussé de Ligny, quatre fois il le reprit et finit par franchir le ravin. Enfin vers sept heures Napoléon fit intervenir la garde. C'est en vain que les Prussiens essaient de tenir. Abordés à la baïonnette par l'infanterie, sabrés par les cavaliers, écrasés par

l'artillerie, ils lâchent pied partout, et, à neuf heures
du soir, ils se retirent en désordre sur Sombref. La
bataille de Ligny était gagnée. Malheureusement, les
hésitations du maréchal Ney aux Quatre-Bras, l'inexé-
cution d'un ordre par lequel l'Empereur lui recom-
mandait de détacher le corps de d'Erlon, qui aurait
tourné et par là même anéanti l'armée prussienne,
empêchèrent que les résultats de cette bataille fussent
décisifs. L'armée de Blücher, au lieu d'être détruite ou
prisonnière, n'était que refoulée.

Dès le lendemain, Napoléon ordonna à Grouchy de
lancer sa cavalerie sur Wavre d'un côté, et sur Namur
d'un autre, pour savoir quelle direction les Prussiens
avaient prise, avec recommandation expresse de les
pousser vivement pour les empêcher de se réunir aux
Anglais, et de rester toujours en communication par
sa gauche avec le quartier général. Pour remplir cette
mission si importante, Grouchy avait 34,000 hommes.
Napoléon prit avec lui le corps de Lobau, la garde, les
cuirassiers de Milhaut, la division Subervie enlevée à
Pajol, et la division Domon enlevée à Vandamme, et se
dirigea vers les Quatre-Bras pour y rejoindre le maréchal Ney. Son armée comptait environ 70,000 hommes.
A l'approche des Français, les Anglais abandonnèrent
leurs positions et se retirèrent dans la direction de
Bruxelles, pour s'arrêter à la forêt de Soignes qui
enveloppe cette ville du sud-ouest au nord-est sur une
épaisseur de quatre lieues environ. L'armée française
les y rejoignit à six heures du soir : la pluie, en ce
moment, tombait par torrents ; les troupes, sur certains

points de la chaussée, avaient de l'eau jusqu'à mi-
jambe. L'ennemi s'était arrêté appuyé sur la forêt.
L'Empereur aurait voulu l'attaquer immédiatement ;
mais le sol était détrempé, et le soir allait venir : il
aurait fallu deux heures de jour de plus. Nos troupes
prirent position en avant de Planchenoit, village dans
les terres à quelques centaines de pas sur la droite de
la route de Namur à Bruxelles, et le quartier impérial
fut établi un peu en arrière sur la chaussée, à la ferme
du Caillou. A une heure du matin, l'Empereur sortit à
pied et parcourut la ligne des grand'gardes. La forêt
de Soignes apparaissait comme un incendie, l'horizon
était resplendissant du feu des bivouacs : car les
Anglais, aussi mouillés que nous, employaient la soirée
à sécher leurs habits et à cuire leurs aliments ; mais la
terre était encore plus détrempée, la boue plus pro-
fonde que dans la soirée. Napoléon passa le reste de
la nuit en reconnaissances, revenant de temps en
temps à la ferme du Caillou pour se sécher auprès d'un
grand feu ; il se flattait qu'avec le retour du soleil les
nuages se dissiperaient, et que, la pluie cessant, le sol
deviendrait en quelques heures praticable à l'artillerie.
Vers huit heures, la pluie ne semblant plus à craindre,
il appela ses généraux, les fit asseoir à sa table, où
était servi son frugal repas du matin, et discuta avec
eux le plan de la bataille qu'on allait livrer. Puis il
monta à cheval pour s'assurer que les Anglais gardaient
leurs positions. Tranquille sous ce rapport, et ayant
reconnu que le terrain était assez ferme pour les
manœuvres de l'artillerie, il dicta l'ordre de bataille

que deux généraux écrivaient, assis par terre. Les aides-de-camp le portèrent aux divers chefs de corps dont les soldats étaient sous les armes pleins d'ardeur et d'impatience. L'armée s'ébranla et se mit en marche à neuf heures du matin ; une heure après toutes les troupes étaient à leurs postes.

Les Anglais s'étaient arrêtés sur le plateau de Mont-Saint-Jean qui, s'étendant sur deux lieues environ de droite à gauche, et s'abaissant vers nous par une pente assez douce, donnait naissance à un petit vallon qui séparait les deux armées ; derrière eux et sur un espace de plusieurs lieues, la forêt de Soignes étalait sa sombre verdure. A peu près à mi-côte, un chemin de traverse, coupant perpendiculairement la chaussée de Charleroy à Bruxelles, bordé de haies vives en quelques endroits, fort encaissé en quelques autres, présentait une espèce de fossé qui couvrait entièrement la position des ennemis. Outre le plateau, Wellington avait fait occuper le château de Hougoumont qui faisait face à notre gauche, la ferme de la Haie-Sainte, à mi-côte sur la route de Charleroy, à notre centre, et les fermes de la Haye et de Papelotte vers notre droite. Napoléon choisit, comme observatoire, un tertre placé sur le côté gauche de la route, en face d'une maison isolée, appelée maison d'Ecosse, et à cent pas en arrière de la ferme de la Belle-Alliance. Il y resta de onze heures à trois heures. De là ses regards pouvaient embrasser tout le champ de bataille. A onze heures l'attaque commença par le bois d'Hougoumont ; elle était destinée à tromper le général ennemi. L'Empereur avait le projet de porter son principal effort sur le centre de la ligne anglaise, de la percer en l'abordant par la chaussée, de s'emparer de Mont-Saint-Jean, et de se rendre ainsi maître du principal débouché de la forêt de Soignes. Avant d'exécuter cette manœuvre, qui devait séparer les deux ailes de Wellington et lui rendre toute retraite impossible, il voulait obliger le général ennemi à dégarnir cette partie de sa ligne pour renforcer sa droite. Ce mouvement eut lieu, et le duc ne tarda pas à diriger sur Hougoumont ses meilleures troupes. L'attaque du centre était réservée au maréchal Ney et ne pouvait être confiée à un homme plus brave et plus accoutumé à ce genre d'affaires. Cependant Napoléon, toujours attentif à son extrême droite par où devait venir Grouchy, aperçut dans la direction de la chapelle Saint-Lambert comme une ombre à l'horizon, dont il n'était pas facile de saisir le vrai caractère. Cette ombre semblait s'avancer, ce qui pouvait faire supposer que c'étaient des troupes. L'Empereur prêta sa lunette au maréchal Soult, puis à divers généraux de l'état-major, et chacun exprima son avis. Les uns croyaient y voir la cime de quelques bois, d'autres un objet mobile qui paraissait se déplacer. Dans le doute, Napoléon suspendit ses ordres d'attaque vers le centre pour s'assurer de ce que pouvait être cette apparition inquiétante. Bientôt avec son tact exercé il y reconnut des troupes en marche. Etait-ce Grouchy avec son corps d'armée ? Etaient-ce les Prussiens ? A cette distance il était impossible de reconnaître les uniformes. Dans son incertitude, et sans plus déli-

bérer, il appela près de lui le général Domon, le fit
monter sur le tertre où il avait pris place, lui prêta sa
longue-vue en lui montrant les troupes qu'on apercevait à l'horizon, et le chargea d'aller les reconnaître,
avec ordre de les rallier si elles étaient françaises, de
les contenir, si elles étaient ennemies et de lui faire
savoir immédiatement ce qu'il aurait appris. Il lui
donna pour le seconder, dans l'accomplissement de sa
mission, la division légère de Subervie, forte de
1,300 chevaux. Les deux en comprenaient environ 2,400,
et étaient en mesure non-seulement d'observer, mais
encore de ralentir la marche du corps qui s'avançait,
si, par hasard, il était ennemi.

Domon commanda un à-droite par quatre à ses
cavaliers pour les faire sortir des rangs, se porta
rapidement et sans confusion à six kilomètres, et s'y
rangea en bataille en potence sur toute la droite de
l'armée. Un quart d'heure après, un de ses officiers lui
amena un hussard prussien fait prisonnier par les chasseurs qu'il avait envoyés battre l'estrade entre Planchenoit et Wavre. Ce hussard portait une lettre de Bulow
pour Wellington lui annonçant son approche et lui demandant des instructions ; il était fort intelligent et donna de
vive voix tous les renseignements que l'on pouvait désirer. La colonne que l'on apercevait était l'avant-garde
du général Bulow ; il arrivait avec 30,000 hommes qui
n'avaient pas donné à Ligny et qui venaient se joindre
à la gauche de l'armée anglaise. Il ajouta qu'il avait
été le matin à Wavre, que les trois autres divisions de
l'armée prussienne y étaient campées, qu'elles y avaient

passé la nuit du 17 au 18 et qu'elles n'avaient aucun Français devant elles. Aussitôt que Domon eût envoyé ces renseignements au quartier général, un nouvel ordre fut expédié à Grouchy pour le prévenir de la marche des Prussiens, et lui recommander de nouveau de manœuvrer pour rejoindre notre droite et écraser Bulow qui serait alors pris entre deux feux. Peu après le général Domon fit encore prévenir l'Empereur qu'il était aux prises avec les troupes de Bulow arrivant en masse, qu'il avait fourni plusieurs charges contre leur avant-garde, et qu'il lui fallait de l'infanterie pour les arrêter ; il ajoutait qu'il avait envoyé dans plusieurs directions des patrouilles d'élite pour communiquer avec le général Grouchy et lui porter des renseignements. Napoléon fit immédiatement ordonner au comte Lobau de traverser avec ses deux divisions la chaussée de Charleroy, de se porter pour soutenir la cavalerie de Domon dans la direction de Saint-Lambert, de choisir une bonne position intermédiaire où il pût, avec ses 7,000 hommes d'infanterie et les 3,000 hommes de cavalerie légère, en arrêter 30,000, si cela était nécessaire ; enfin d'attaquer vivement les Prussiens aussitôt qu'il entendrait les premiers coups de canon des troupes que Grouchy devait avoir détachées derrière eux. Ces dispositions furent exécutées sur-le-champ.

Mais ces événements portèrent du changement dans le premier plan de l'Empereur ; il se trouva affaibli de 10,000 hommes sur le champ de bataille. A trois heures à peu près, les deux premières divisions prussiennes

étaient en face de nos positions : les escadrons de
Domon et de Subervie faisaient avec elles le coup de
sabre, et retardaient autant que possible leur approche.
Vers quatre heures et demie l'attaque de Bulow était
fortement prononcée : les Prussiens étaient sortis des
fonds boisés et le brave Lobau, les attendant avec un
sang-froid imperturbable, les avait criblés de ses boulets
sans pouvoir les arrêter : alors il détacha sa première
ligne qui, soutenue par les charges de cavalerie de
Domon et de Subervie, les aborda à la baïonnette et les
refoula une première fois. Pour s'opposer à un retour
offensif des ennemis, et leur porter un coup décisif
avant de revenir aux Anglais, Napoléon fit soutenir les
troupes de Lobau et de Domon par huit bataillons de
jeune garde et 24 bouches à feu sous les ordres du
général Duhesme. Cependant Ney s'était emparé de la
Haie-Sainte, et se trouvait à la tête d'une belle cavalerie
qui demandait avec impatience à marcher contre les
Anglais ; il ne put résister au désir de les sabrer et
s'élança sur le plateau dont il se rendit maître après
un combat acharné. Mais il lui fallait de l'infanterie
pour s'y maintenir, et l'Empereur ne pouvait lui en
envoyer, car les colonnes prussiennes augmentaient
sans cesse ; Blücher venait d'y ajouter un renfort de
36,000 hommes, en sorte que Lobau, Domon et Duhesme
avaient 66,000 hommes à arrêter avec 10,000. Ney est
obligé de reculer : le désordre se met dans ses rangs ; les
ennemis de leur côté traversent notre droite ; quelques
cris de sauve-qui-peut se font entendre, et la dernière
armée de la France, pressée de front par les Anglais,

à droite par les Prussiens, tourbillonne sur elle-même ;
le découragement gagne bientôt tous les rangs ; la
moitié de nos troupes ne présente plus qu'une masse
confuse impossible à rallier. L'héroïsme de la vieille
garde ne peut empêcher la jonction des généraux
ennemis ; il était neuf heures du soir. Blücher ordonna
à sa cavalerie qui était toute fraîche de faire une
poursuite acharnée contre nos soldats brisés par la
fatigue d'une lutte de dix heures. Favorisée par un
clair de lune, elle courut et les sabra sans pitié jusqu'au
jour. Les débris de nos régiments ne purent trouver
un peu de repos qu'au-delà de la frontière belge. Le
général Domon, avec les restes de sa division, se retira
d'abord à Genappe et de là à Charleroy (M. Thiers).

Après cette défaite ou plutôt cet écrasement, aussi
honorable pour le vaincu que pour le vainqueur,
l'armée française se retira sur Laon où elle se recons-
titua ; Domon en faisait partie avec ceux de ses soldats
qu'il avait ralliés. Bientôt le corps de Grouchy vint la
rejoindre, et, en quelques jours, on compta dans nos
rangs 70,000 hommes, qui se transportèrent sur la rive
gauche de la Seine, et qui auraient pu infliger une
sévère leçon aux Prussiens dont les troupes s'étaient
avancées imprudemment sur Paris. Domon campa deux
jours avec sa division au pont d'Austerlitz, puis il reçut
l'ordre de se rendre à Versailles. Arrivé près de Sèvres,
il rencontra un détachement de Prussiens qu'il sabra
et culbuta. En avant de Versailles il se joignit au
général Excelmans pour l'aider à combattre 1,500 cavaliers que commandait le colonel de Sohr. Les ennemis

furent vivement repoussés sur Rocquencourt où, accueillis par le feu du 44ᵉ de ligne, ils furent presque entièrement détruits. A peine quelques fuyards purent-ils porter au quartier général la nouvelle de leur défaite. Ce brillant fait d'armes fut le dernier de vingt-deux ans de luttes sanglantes. Quelques jours après l'armistice fut signé, et, le 4 juillet, Louis XVIII remontait sur le trône tandis que Napoléon était conduit à Stᵉ-Hélène. Une des conventions du projet d'armistice était que l'armée française se retirerait derrière la Loire. Cette convention fut accueillie par nos soldats avec la plus violente exaspération, car ils sentaient qu'ils pouvaient encore lutter avec avantage ; mais les alliés préparaient de nouvelles forces contre la France : il fallut céder. Domon se retira à Marseille où il tenait garnison lorsqu'on vint, le 4 juillet, lui faire des propositions pécuniaires pour l'engager à se rallier au nouveau gouvernement ; Domon les repoussa avec dédain ; mais on s'en vengea en lui envoyant l'ordre de licencier ses troupes. Il ne voulut point prendre cette mesure contre des braves à qui il devait ses honneurs, ses grades, et la France, une partie de sa gloire ; il laissa ce soin à un de ses généraux de brigade et revint à Paris où il fut mis aux arrêts. Il écrivit au duc de Berry pour se plaindre de la mesure arbitraire prise contre lui, et obtint ainsi sa liberté.

CHAPITRE V

Alors Domon, ennuyé de toutes ces tracasseries,
quitta le service militaire et revint à Leforest, à la
maison paternelle où il passa quatre ans. Il avait été
successivement nommé chevalier, officier et commandeur de la Légion d'honneur, grand officier de l'ordre
des Deux-Siciles, et baron de l'Empire : il était âgé de
quarante et un ans. La noblesse de son caractère ne
lui permit pas de s'astreindre à imiter les courtisans
qui entourèrent le trône des Bourbons. Toutefois il
estimait Louis XVIII dont les bonnes intentions auraient
pu guérir les plaies de la France, si elles n'avaient pas
été étouffées par des intrigues de tous genres, et par les
fausses terreurs qu'on se plut à semer dans l'esprit d'un
roi qui avait été témoin des sanguinaires erreurs de
notre première révolution. Domon fut mis à la retraite.

Il se consola facilement de cette disgrâce, dit encore
le biographe déjà cité, car elle le rapprochait de sa
famille, d'un père qu'il aimait beaucoup et des amis de
son enfance. Elle lui fournit l'occasion de se faire
connaître sous un point de vue nouveau, mais toujours
remarquable. Avec une fortune bornée par suite des
pertes qu'il avait faites à Naples, Domon trouvait le
moyen d'être charitable et bienfaisant ; il savait donner
avec cette bienveillance de l'âme qui double le bienfait.
Les pauvres n'étaient pas les seuls objets de sa géné-
rosité : ces infortunés à qui la naissance ou l'éducation
impose la triste loi de cacher leur misère ; ceux qui,
accablés de chagrins non mérités, dévorent en silence
les angoisses du désespoir, et les êtres punis injuste-
ment pour de prétendus crimes politiques, étaient les
personnes sur lesquelles il se plaisait à répandre les
consolations convenables à chaque genre de maux.
Domon était pour son pays un astre bienfaisant qui
vivifiait tout ce qui l'approchait. Heureux dans sa
modeste habitation, entouré d'amis véritables et de
parents qu'il chérissait et qui le chérissaient, il jouissait réellement de l'existence. Dénué de cet appareil
de grandeur, des titres et des dignités qui gênent
l'affection et inspirent l'adulation, il avait la certitude
que la sympathie, l'estime et la tendre amitié animaient
ceux qui lui prodiguaient leurs témoignages d'attachement. Sans pouvoir, sans grande fortune, ne pouvant
s'étayer de la faveur du monarque, c'était lui qu'on
aimait ; il pouvait être fier des sentiments qu'il inspirait
parce qu'il les devait à ses seules qualités. Le charme

de sa conversation, sa gaieté franche, l'heureux choix de ces mots qui vont au cœur et qu'il employait avec une touchante simplicité, lui conciliaient les esprits les plus opposés, en même temps qu'on admirait la fermeté de ses principes, la sagacité de son esprit et la modération de ses opinions. Cette conduite si noble et si distinguée excita cependant la jalousie de quelques envieux qui eurent la bassesse de le dénoncer comme critiquant les actes du gouvernement. Un procès en diffamation s'ensuivit; les calomniateurs furent dévoilés et condamnés; et l'objet de leur haine, mis en évidence malgré lui, acquit par suite de cette dénonciation de nouveaux amis qui apprécièrent ses qualités personnelles, sa noble franchise et vouèrent au mépris ses accusateurs mensongers.

Couvert de glorieuses cicatrices qui lui rappelaient trop souvent ses exploits, Domon profita de sa non-activité pour aller aux eaux de Saint-Amand, dans l'espoir d'alléger ses souffrances. Là il retrouva plusieurs de ses frères d'armes, les uns mutilés, les autres privés de l'usage de leurs membres par suite du froid excessif dont ils avaient été atteints dans la fatale campagne de Russie. Le bien que ces braves militaires éprouvèrent de leur traitement engagea l'âme généreuse du général à donner un nouvel exemple de son humanité. Sa qualité d'actionnaire aux Eaux-Thermales de Saint-Amand lui suggéra l'idée et lui permit de faire jouir plusieurs de ses anciens soldats et d'autres infortunés, des avantages de ces eaux curatives. Ne se bornant pas à l'admission de ses protégés dans les bains, il en fit soigner plusieurs à ses frais ; et, comme quelques égoïstes murmuraient de son humanité qui blessait leur amour-propre : « Pourquoi, disait-il, les riches seraient-ils admis exclusivement au bonheur d'obtenir du soulagement à leurs maux, et jouiraient-ils seuls des bienfaits dont la nature a comblé certaines localités? Les pauvres ont des droits plus sacrés, des besoins plus réels que ceux-ci ; car la santé est le trésor du pauvre, elle lui est indispensable pour élever sa famille, tandis que vous, heureux oisifs, votre or peut acheter la santé que souvent le même or vous a fait perdre. »

Il y avait quatre ans que le baron Domon jouissait ainsi des charmes de la vie de famille et du bonheur que l'on éprouve à faire le bien, lorsque le marquis de Latour-Maubourg fut nommé ministre de la guerre (19 novembre 1819). Ce ministre, un de nos bons généraux de cavalerie, et témoin des services que Domon avait rendus autrefois, s'empressa de lui écrire pour l'engager à rentrer dans l'activité. Domon y consentit, et fut nommé inspecteur général de cavalerie par décret du 22 avril 1820. En cette qualité, il fut encore très-utile à son pays. Son expérience fut continuellement consultée sur l'organisation et la discipline de cette arme, et l'on accordait la plus grande attention à ses observations. Les corps qu'il devait passer en revue semblaient gagner en instruction : la discipline s'y entretenait plus par émulation que par rigueur et chacun ambitionnait une place dans cette mémoire étonnante du général qui lui rendait présents tous les officiers de l'armée, avec leurs services, leurs talents, et, pour ainsi dire, leur caractère[1].

Le 22 novembre de la même année, Louis XVIII, qui appréciait les talents et les précieuses qualités de Domon, voulut se l'attacher plus intimement encore en joignant au titre d'inspecteur général de la cavalerie celui d'Écuyer-Cavalcadour. Ces écuyers rétablis par décret du 31 octobre 1820, étaient au nombre de douze et servaient par trimestre. L'un d'eux devait toujours être au château ; son service consistait à se rendre dans le cabinet du roi à midi moins un quart ; lorsque le roi sortait de ses appartements, il marchait devant lui. Quand Sa Majesté devait monter à cheval ou en voiture, il le précédait et l'accompagnait jusqu'à son cheval ou sa voiture. Un autre de service montait à cheval et marchait devant le roi, s'il était à cheval, ou se plaçait à côté des chevaux ou de la voiture, de manière à pouvoir entendre et transmettre sans délai les ordres qu'il recevait. Il dirigeait les promenades royales d'après un itinéraire établi d'avance. L'Écuyer-Cavalcadour de service au château avait droit de manger à la table d'honneur dite des grands officiers. En 1823, pendant la guerre d'Espagne, le général Domon fut chargé de commander la division de cavalerie du 2ᵉ corps : il avait sous ses ordres seize escadrons de dragons qui se faisaient remarquer par leur magnifique tenue et par la discipline sévère qu'il y avait établie. Notre armée entière, sous le commandement du duc d'Angoulême, se divisait en quatre corps

[1] Mouronval.

et comptait environ 120,000 hommes. Les Espagnols nous opposaient 130,000 hommes, divisés également en quatre armées : celle du centre, celle de Catalogne, celle de Galice et des Asturies, et enfin l'armée d'opération sous les ordres de Ballesteros. C'est contre cette dernière armée que devait manœuvrer le corps du maréchal Molitor dont le général Domon commandait la cavalerie.

Pendant que le général en chef s'avançait sur Madrid, dont il s'empara sans coup férir, Molitor, avec son infanterie et la cavalerie de Domon, reçut l'ordre d'occuper Saragosse et de se porter ensuite sur la Catalogne afin de placer les forces espagnoles, chargées de défendre cette province, entre son corps d'armée et celui du maréchal Moncey. Le 15 avril, le général Domon était à Bayonne, d'où il se rendit à Saint-Jean-de-Luz, et de là vers Saragosse où nos soldats entrèrent, le 26, au son de toutes les cloches et aux acclamations des habitants. Comme Sagonte était vivement assiégée par Ballesteros, le 2ᵉ corps s'avança précipitamment vers Valence, fit lever le blocus de Sagonte et força Ballesteros à la retraite. Le jour même où nos troupes prenaient Valence, Ferdinand et les Cortés sortaient de Séville pour aller chercher à l'île de Léon un refuge contre l'approche de notre premier corps d'armée. A Valence, le général Molitor publia l'ordre du jour suivant :

« ORDRE DU JOUR DU 2ᵉ CORPS D'ARMÉE.

» Depuis le commencement de cette campagne, les troupes du 2ᵉ corps ont parcouru avec autant de cons-

tance que de succès la noble carrière qui leur était
ouverte. En Navarre comme en Aragon, en Catalogne
comme dans le royaume de Valence, leur bonne discipline, l'ardeur et l'excellent esprit dont elles sont
animées, leur ont conquis l'attachement et l'admiration
des peuples en même temps qu'ils les ont rendues
redoutables à l'ennemi. Celui-ci avait d'abord compté
sur sa barrière de l'Ebre ; mais il se retire précipitamment à l'approche du 2ᵉ corps et Saragosse ouvre ses
portes. La division de dragons du général Domon a
prouvé à Catalayud, par l'audace avec laquelle elle
a poursuivi l'ennemi, combien elle était impatiente de
donner des preuves de son courage. La marche rapide
et résolue de toutes les divisions du 2ᵉ corps sur le
royaume de Valence a obtenu des résultats majeurs,
décisifs et tels qu'ils doivent influer d'une manière
prépondérante sur le succès de la campagne. Le général
commandant le 2ᵉ corps leur annonce, par le présent
ordre du jour, que le général en chef de l'armée
d'Espagne est satisfait de leur conduite.

» Signé : MOLITOR. »

Dès le lendemain de l'entrée à Valence, les troupes
du 2ᵉ corps continuèrent la poursuite de Ballesteros et,
marchant toute la nuit suivante, elles l'atteignirent à
Alcira sur le Xucar. L'armée espagnole s'élevait
à 15,000 hommes, non compris plusieurs détachements
de soldats de nouvelle levée ; elle avait la supériorité
du nombre et de la position ; sa ligne se trouvait en

outre protégée par une rivière et par un pont dont les abords étaient fortifiés. Tous ces avantages disparurent devant l'ardeur de nos soldats ; le pont et la ville furent emportés, pour ainsi dire, au pas de course, et Ballesteros se retira avec une telle précipitation dans la direction de Murcie, que, jusqu'aux approches de cette ville, et malgré la poursuite la plus active, les dragons de Domon, qui venaient de le chasser d'Alcira, ne purent apercevoir même son arrière-garde. Arrivé à Murcie, le général espagnol prit position en avant de cette ancienne capitale, ayant sa gauche flanquée par plusieurs corps de partisans, et sa droite appuyée sur Alicante et Carthagène, grandes places maritimes pourvues de fortifications redoutables et d'une nombreuse garnison. On devait penser que cette fois il essaierait de tenir ferme. Mais, loin d'attendre nos soldats, Ballesteros se mit de nouveau en pleine retraite sur Grenade lorsque nos soldats étaient encore éloignés de lui de plus d'une journée de marche. Le général Domon se dirigea sur Murcie, dont l'infanterie s'était emparée sans coup férir, et de là se rendit à Guadix. Ballesteros n'avait fait à Grenade qu'un séjour de courte durée, pressé qu'il était, d'un côté, par Molitor et Domon, et, de l'autre, par les troupes qui marchaient de Séville sur Cadix, où le gouvernement espagnol s'était retiré. Il s'était jeté dans les montagnes qui séparent Grenade de Jaën, et s'était arrêté à mi-chemin entre ces deux villes sur une chaîne qui avait pour point central le village de Campillo de Arenas ; mais nos soldats, dans leur ardeur à obtenir enfin une rencontre qui les fuyait depuis trois mois, ne quittaient pas ses traces, et, le 28 juillet, deux divisions d'infanterie et la division de cavalerie du général Domon le surprirent à ce nouveau repos. Ballesteros avait 12,000 soldats : il les échelonna sur plusieurs rampes d'un accès difficile. Cependant la force de cette position ne peut sauver les Espagnols : abordés à la fois de front et de revers par notre infanterie chargeant à la baïonnette, culbutés et sabrés par notre cavalerie, ils plient sur tous les points, abandonnent successivement toutes leurs positions, et se retirent dans le plus grand désordre en laissant sur le champ de bataille 4 à 500 tués ou blessés et 300 prisonniers. De notre côté, ce combat ne nous coûta que 14 morts et 40 blessés. Il valut au général Domon le titre de vicomte qui lui fut conféré par décret du 17 août 1823.

Après ce succès obtenu par nos armes, le commandant du 2ᵉ corps envoya une partie de ses troupes pour hâter le siège de Cadix, et conserva sous sa main la cavalerie de Domon et quelques troupes d'infanterie pour se diriger vers Malaga, afin de contenir les garnisons importantes de Carthagène et d'Alicante. Enfin la prise du Trocadéro, la reddition de Cadix, le 30 septembre, et de plusieurs autres villes qui suivirent son exemple, amenèrent la soumission de l'Espagne, et nos soldats rentrèrent en France. C'est le 28 octobre que le général Domon quitta Pampelune avec sa division pour refranchir la frontière. Comme récompense de sa brillante conduite pendant cette expédition, le roi d'Espagne le fit grand-croix de l'ordre de Saint-Ferdi-

nand, par décret du 31 octobre 1823, et, le 2 novembre
de la même année, le roi de France ajouta à cette
distinction honorifique celle de commandeur de l'ordre
de Saint-Louis.

Parvenu au faîte des honneurs, le vicomte Domon
conserva toujours cette simplicité de mœurs qu'il savait
allier aux devoirs que lui imposaient ses relations
sociales. « Avez-vous un beau château? lui demandait
Louis XVIII dans un moment de bonne humeur. —
Oui, sire, lui répondit le général : j'en ai un plus beau
que celui des Tuileries : c'est le château des Invalides. »

A ce récit ajoutons-en quelques autres racontés par
le docteur Mouronval, et qui sont propres à donner une
idée du caractère libre et indépendant du général
Domon. En 1825, il rencontra dans l'antichambre du
roi un ancien général qui, remis en faveur, outrait le
royalisme et oubliait sa conduite précédente ; il l'aborda
et lui dit tout haut : « Général, je ne vous ai pas vu
depuis la journée de Waterloo » : où, effectivement,
s'était aussi trouvé ce général actuellement entouré
d'émigrés.

Quelque temps après, se trouvant à la table du
grand maître d'hôtel, où l'on parlait d'honneur, il soutint que pour connaître le véritable honneur militaire,
il fallait avoir été carmagnole. Cette assertion mit au
comble le scandale parmi les hauts convives, tous gens
titrés. Bientôt il les rangea à son avis, en leur montrant que rien n'était plus désintéressé que le courage
de ceux qui, mal vêtus, mal payés, mal nourris, à
peine aguerris, battaient des troupes régulières bien

approvisionnées, munies de tous les moyens d'attaque et de défense, bravaient la mort, emportaient des batteries en montant par les embrasures, et cela, sans espoir de profit ni d'avancement, et dans la seule vue de l'honneur et de l'intérêt du pays : tandis que, sous le gouvernement impérial, comme sous celui du roi, toute belle action était suivie d'avancement, de décorations, de récompenses, qui agissaient comme stimulants sur le cœur du militaire et ne le laissaient pas désintéressé comme à l'époque des carmagnoles.

Citons encore une anecdote qui expliquera la cause qui a retardé l'avancement de Domon depuis 1799 jusqu'à la fin de 1806. Lorsque l'Autriche battue à Hohenlinden par Moreau et à Marengo par Bonaparte eut accepté les conditions de paix qui lui furent imposées, plusieurs officiers supérieurs vinrent à Paris. Domon, alors chef d'escadron, s'y trouva avec d'autres officiers de hussards des armées du Rhin et d'Italie. On célébra par un banquet le plaisir de se retrouver ensemble. Ses camarades le prièrent de voir la carte du menu et de commander le service, et comme le traiteur lui proposait, entre autres plats, des poulets à la Marengo, notre officier de l'armée du Rhin, piqué de cette proposition, s'écria avec sa franchise ordinaire : « Qu'est-ce que des poulets à la Marengo pour un appétit de hussard? Que ne nous offre-t-on un bœuf à la Hohenlinden? » Le mot fit fortune ; mais cette critique indiscrète de l'armée d'Italie et de son général en chef fut rapportée à Bonaparte qui le tint dans une longue disgrâce. L'Empereur en conserva le souvenir ; forcé enfin de rendre justice à la brillante valeur de Domon, surtout à celle qu'il déploya à la bataille d'Iéna, il lui dit quelque temps après en le nommant major : « Votre langue, Domon, vous a fait bien du tort. — Sire, répliqua ce brave militaire, j'espère qu'elle n'en a fait qu'à moi. »

Simple dans ses manières, modeste dans ses goûts comme dans ses désirs, il aimait à revenir à Leforest, lorsque son service lui en laissait le loisir, pour revoir ses frères, ses amis et surtout son vieux père pour lequel il fut toujours le plus affectueux des fils. Quoi de plus touchant dans sa simplicité que ce billet qu'il adressait un jour à Mme la baronne de Saint-Amand, sa fille, et que nous avons retrouvé dans sa correspondance :

« Château de Saint-Cloud, 29 juin 1827,
11 heures du soir.

» Avant de me coucher, je prierai saint Hubert pour que le roi soit heureux ; ma prière sera d'autant plus fervente que si elle est exaucée mon père mangera du gibier royal. »

C'est dans une des excursions au lieu de sa naissance qu'il fut le promoteur d'une fête champêtre dont voici l'occasion : A Leforest vivait de sa modeste retraite un ancien lieutenant, nommé M. Noral, qui s'était retiré après trente-quatre ans d'honorables services. Le général Domon obtint pour lui du roi Charles X, par décret du 23 mai 1825, la croix de Saint-Louis, et

fut chargé de la remettre lui-même au vieux guerrier.
C'est dans une prairie de Leforest où étaient réunis
les habitants du village et ceux des environs qu'eut
lieu cette cérémonie vraiment pittoresque, et qui offrait
dans sa simplicité quelque chose d'antique. Le général
prononça devant l'assemblée rustique une courte allo-
cution, dans laquelle il rappela les services du militaire
décoré, loua sa bravoure et sa belle conduite. Puis il
donna l'accolade au vieux brave, et attacha lui-même
la décoration à la boutonnière du soldat laboureur.
« C'était, ajoute son biographe, un spectacle touchant
que celui où l'on voyait l'émule de nos plus illustres
guerriers, celui dont la valeur excita sur vingt champs
de bataille l'admiration des braves ; en un mot, l'ami
et le compagnon de Murat se mêlant parmi ces bons
villageois, conversant familièrement avec eux, et par-
lant à tous comme à des amis et à des frères. »

Un décret royal du 29 octobre 1828 lui avait conféré
le titre de grand officier de la Légion d'honneur et il
en reçut la plaque des mains du roi le 4 novembre
suivant.

Mais il ne devait plus jouir longtemps de tous ces
honneurs. Dans les premiers jours de juin 1830, il se
trouvait à pied à la portière de la voiture du roi, pour
recevoir ses ordres, lorsque le cheval d'un officier des
gardes lança une ruade qui l'atteignit en pleine poitrine.
Esclave de son service, il n'en monta pas moins à cheval
et accompagna le roi pendant toute sa promenade ;
rentré chez lui, il ne voulut pas se plaindre de crainte
d'alarmer sa famille ; il ne l'avoua que peu de jours

avant de mourir lorsque le progrès du mal avait déjà
miné les poumons et ne laissait plus l'espoir de sauver
ses jours. Il mourut le 5 juillet 1830, le jour même de
la prise d'Alger. Son inhumation eut lieu aux frais de
la liste civile dans le cimetière du Père-Lachaise,
à Paris.

M. De Coëtlosquet prononça sur sa tombe un discours
qui produisit une vive impression sur le nombreux
cortége, et fut plusieurs fois interrompu par les larmes
de l'orateur qui s'exprima en ces termes :

« Messieurs,

» Au moment de nous séparer pour toujours du vaillant officier que la France vient de perdre, permettez-
moi de suspendre un instant nos derniers hommages et
de vous parler encore de celui qui fut votre ami
sincère ; car il aimait avec passion et la bravoure et
l'honneur. Je serai bref, mon chagrin est trop grand
pour que je sache le dire, et l'intérêt que vous lui
portiez vous a déjà fait connaître les vertus et les hauts
faits du général que nous regrettons à jamais.

» Né à Maurepas, en Picardie, le 2 mars 1774, d'une
famille respectable, dont le chef vit encore pour
pleurer avec nous le soutien de ses vieux jours et la
gloire de son nom, Jean-Siméon Domon prit les armes
en 1791.

» D'abord officier dans l'infanterie, puis aide-de-camp
du général Compère, il devint, en 1799, chef d'escadron
au 5e régiment de hussards, et major du 7e en 1807.

» Dans ses premières campagnes, on le vit escalader les retranchements de Néchin, et recevoir un coup de sabre sur la main droite, en enlevant une pièce de canon.

» A Saint-Michel-sur-Meuse, avec 4 hussards, il fit mettre bas les armes à 40 soldats du régiment de Nassau au service de la Hollande.

» Près du général Hoche, il fut renversé sous son cheval tué par un boulet, en enlevant une redoute à Neuwied. Plus tard il fut blessé d'un éclat d'obus à la jambe gauche, et eut le cou traversé d'une balle à la bataille d'Elchingen en chargeant à la tête de ses hussards qui prirent 5 pièces de canon.

» Pendant les mémorables journées de Wagram et de Znaïm, il mérita un nouvel avancement ; il obtint le brevet de colonel et le commandement du 8e de hussards.

» Ce régiment, qui venait de perdre sur le champ de bataille son colonel, un des plus braves officiers de la cavalerie, crut le retrouver en marchant sous les ordres de son nouveau chef. La discipline qui se néglige souvent pendant la guerre, reprit toute sa force, l'instruction devint remarquable, incessamment l'armée française qui se rassemblait aux bords du Niémen, vit paraître à son avant-garde un régiment qu'elle se plut à citer sous divers rapports.

» Le général en chef de la cavalerie de cette formidable armée, premier juge en bravoure, distingua sur-le-champ, au milieu des meilleurs, le colonel Domon, et l'appela près de lui dans un poste éminent. Satisfait de son choix, on le vit payer de son affection particu-

lière les nouveaux services que le général Domon avait
rendus pendant la campagne de Russie. Après celle de
1813 en Saxe, où de nouveaux exploits venaient
d'augmenter sa gloire, le lieutenant général, capitaine
général des gardes, baron Domon, blessé dangereu-
sement, suivit à Naples son protecteur et son ami.

» Bientôt les orages politiques et les vicissitudes de
la guerre précipitèrent les événements. La France
menacée sur ses propres frontières rappela ses enfants
dispersés au service des puissances qui naguère étaient
encore ses alliées. Sans hésiter, rang, honneurs, fortune,
amitié même, tout fut abandonné, aux cris de la patrie
éplorée, et le général Domon accourut de nouveau
chercher en France la gloire de la défendre et de
mourir pour elle.

» Mais hélas! ce n'était plus sur un champ de bataille
où tant de fois, sans mépriser la vie, il brava la mort,
qu'il devait la trouver. C'était au sein du repos, à la
cour de son roi qui le distinguait dans sa bienveillance,
c'était dans les bras de sa famille reconnaissante de
ses bienfaits, au milieu des éléments du bonheur
intérieur, que devait succomber notre loyal ami, le
lieutenant général vicomte Domon, écuyer cavalca-
dour, commandeur de l'ordre royal et militaire de
Saint-Louis, grand officier de la Légion d'honneur,
grand-croix et grand-cordon de l'ordre militaire de
Saint-Ferdinand d'Espagne, et officier de plusieurs
autres ordres étrangers.

» Il y a peu de jours encore qu'il se félicitait avec
nous de la longévité de son père, objet d'un culte filial

qu'il professait avec toute l'énergie de sa grande âme : c'était en pensant à l'attachement de ses deux frères et de sa sœur, aux soins respectueux de son gendre, en cédant aux caresses des enfants de sa fille, si justement et tendrement chérie, qu'il effaçait par un sourire paternel les larmes que la mort récente de son neveu, jeune garde du corps, lui faisait répandre. Il n'y a qu'un moment nous nous réjouissions à l'entendre réunir dans sa conversation facile, et ses espérances de bonheur domestique et ses projets de service militaire : car franchement dévoué à son roi, sa plus grande satisfaction eût été, disait-il, de prouver de nouveau, comme il l'avait fait dans la campagne d'Espagne, ses sentiments de soldat et de sujet.

» Hélas ! tout cet espoir est déçu... le voilà froidement étendu devant vous. La tombe va recevoir ce fils vertueux, ce père si tendre, cet ami si franchement dévoué. Le roi perd en lui un sujet fidèle, l'armée un guide sûr, un chef instruit et valeureux. Vous, Messieurs, qui l'honorez de justes regrets, vous aurez un franc et loyal camarade de moins, et moi... bien plus encore... un frère. »

Aussitôt que la triste nouvelle de la mort du général vicomte Domon parvint à Péronne, le Conseil municipal de cette ville, autorisé à cet effet, se réunit en séance extraordinaire et adopta la proposition suivante :

« DÉLIBÉRATION DU CONSEIL MUNICIPAL DE PÉRONNE

DU 8 JUILLET 1830.

» Le Conseil municipal, sur la proposition de M. Hiver, maire de la ville, considérant que le lieutenant général vicomte Domon est un des hommes qui ont le plus honoré l'arrondissement de Péronne, et que sa mémoire doit, sous tous les rapports, y être en vénération, arrête, à l'unanimité, qu'un service solennel sera célébré pour le repos de son âme, aux frais de la commune, dans l'église de cette ville. »

La révolution de Juillet, survenue peu de jours après, suspendit pour quelque temps l'effet de cette délibération ; mais lorsque l'ordre fut rétabli et les autorités civiles reconstituées, elles s'empressèrent de rendre les derniers devoirs au vaillant soldat qui, sous la République, sous l'Empire ou sous la Royauté, n'avait vu d'autre drapeau à suivre que celui de la France. Le 3 novembre, elles firent chanter en l'honneur du général Domon, à l'église Saint-Jean de Péronne, une messe à laquelle assistèrent les détachements de la garde nationale. Quand le service fut terminé, M. Abraham Souplet, grenadier, témoigna à M. le commandant le désir de clore la cérémonie par un discours composé pour la circonstance. Cette demande ne pouvait être reçue qu'avec faveur : aussi la garde nationale fut soudain formée en carré, et voici les paroles que fit entendre M. Souplet :

« Messieurs,

» Nous venons de payer aux mânes du général Domon le tribut des honneurs funèbres. Pour la plupart d'entre nous, ces tristes devoirs étaient imposés autant par la reconnaissance que par l'attachement, et nous nous plaisons à le proclamer ici à la gloire de celui que nous pleurons, guerrier sans tache, citoyen sans reproche, il a eu le précieux privilége d'obtenir l'estime de tous les partis et le respect de toutes les opinions.

» Il serait trop long de retracer les hauts faits qui ont illustré Domon dans la carrière militaire ; et plus long encore d'énumérer ses bonnes actions dans la vie privée. Toutes les voix se confondent pour bénir en lui l'ami sincère, le protecteur zélé, ou le compatriote bienfaisant. L'officier même qui commande aujourd'hui le détachement des grenadiers (M. Anoteaux), est un de ceux à qui le général a prodigué les services les plus constants et les plus utiles. En un mot, fils, époux, père, soldat, Domon nous offre un modèle accompli de piété filiale, de tendresse et de patriotisme. Tant de vertus méritaient de faire ici-bas un séjour plus prolongé ; mais l'impitoyable mort s'est appesantie sur ce front paré de lauriers avant que les cheveux y commençassent à blanchir. C'est le 5 juillet 1830 que Domon nous a été ravi. Cette date est illustrée par nos armes, Messieurs ; elle marque donc dignement le terme de sa belle existence. C'est ce jour-là même que nos valeureuses phalanges ont triomphé, sous le ciel brûlant de l'Afrique, des efforts et de la fureur d'un ennemi barbare ; cette journée mémorable aurait encore été pour notre compatriote un noble motif de joie, car un de ses neveux, qu'il a lancé dans la périlleuse carrière des armes, s'est fait remarquer sur ces plages lointaines par sa bravoure et son intrépidité...

» Console-toi, âme généreuse, ta part de gloire fut assez belle. Cent fois, Domon, ton sang coula pour ton pays ; quand un monarque parjure voulut armer ton bras contre la France, les dignités, les biens, les délices de Naples n'ont plus trouvé chez toi qu'un mépris repoussant. Dans les marais de la Hollande, dans les vastes contrées soumises au Colosse du Nord, aux plaines de Waterloo et sur les bords de la Loire, toujours tu fus Français. Tu vivras à jamais dans notre mémoire. »

Comme honneur suprême rendu au général vicomte Domon, son nom est inscrit sur l'Arc-de-Triomphe de l'Étoile avec celui des maréchaux et des généraux qui ont porté si haut la gloire de nos armes.

FIN.

TABLE DES MATIÈRES

CONTENUES DANS CE VOLUME

FIN DE LA TABLE

Péronne. — Imp. Thorel